塩尻公明と

他力と自力の人間学

河合栄治郎

中谷 彪 著

大学教育出版

まえがき

　塩尻公明は、私が最も深く尊敬している思想家である。塩尻の講義を受けたのを機縁に、シオジリアン（塩尻アン、塩尻のファンのこと）のひとりとなってほぼ50年を経過しようとしているが、その好きさは変わらない。否、齢を重ねるにつれて、彼の偉大さがわかり、好きさが増してくるように思われる。顧みれば、私の人生は塩尻の生き方に憧れ、塩尻の教えに従い導かれてきたという感を深くする。とくに迷った時や困った時や重大な決断をしなければならない時は、いつも塩尻の著作を読み返して、勇気と決断力とを得てきたように思う。おそらくこれからも、そうであると思う。私にとって塩尻の著作は、アラディンのランプであり、打ち出の小槌である。

　塩尻公明は、戦前は真摯で誠実な教育者・教授として、戦後はデモクラシーと自由とを熱愛する政治学者として、また、「或る遺書について」等の「…について」シリーズの著者として全国の青年学徒の憧れの人生論者として、名声を博していた。しかし、逝去されて早や半世紀近く経った昨今、塩尻は忘れられた思想家である、という声を聞く。

　私は、塩尻公明は忘れられた思想家ではないし、また、塩尻を忘れられた思想家にしてはならない、と考えている。塩尻はもっと見直され、その著作はもっと読まれ、もっと高く評価されるべきであると考えている。とりわけ混迷した現代にあって、人生の意義（「人生いかに生くべきか」）を真面目に追求している人たちには、塩尻の著作を是非読まれることをおすすめしたいと思う。私がそうであったように、必ずやよきヒントを得ることができるはずである（ただし、塩尻の著書のほとんどが絶版で、図書館か古書でしか読めないことは残念である）。

　本書は、私の一連の塩尻公明の評伝に続く書物として執筆したものである。本書は、3つの文章から成り立っている。塩尻の生涯において大きな影響を与えた旧制一高時代からの恩師である河合栄治郎の生き方と比較しながら、塩尻

の生き方を考察した第1章を初めとして、第2章と第3章においても、人格主義思想に立脚した塩尻の生き方を紹介しようと企図したつもりである。塩尻の生き方は、"しなやかで、したたかな生き方"または"原則において頑固、対応において柔軟な生き方"と表現ができるのではないかと思っている。本書が少しでも読者の参考になることができるならば、私の大なるよろこびとするところである。

　ささやかな本書であるが、これまでの塩尻公明研究書と同じく、過去と現在と未来の"塩尻アン"に捧げたい。

　2013年8月15日

中谷　彪

塩尻公明と河合栄治郎
——他力と自力の人間学——

目　次

まえがき ……………………………………………………………… 1

第1章 自力と他力の人間学―河合栄治郎と塩尻公明の人間像考察― …… 9
  はじめに　9
  1　河合と塩尻の出会い　9
    （1）塩尻の河合先生論　9
    （2）2人の出会い　10
    （3）推薦で教職に就く　12
    （4）尊敬する恩師河合栄治郎　14
  2　河合栄治郎の人間像―その人と思想―　15
    （1）河合像に迫る　15
    （2）強烈な個性の河合の人間像　16
    （3）河合の性格分析―若干の補足―　20
  3　塩尻が河合を敬愛した理由　21
    （1）人間性の基底で共通する2人の個性　21
    （2）河合と塩尻の人間性的性格的共通点―強烈な個性―　22
    （3）塩尻の人生の先達としての河合　33
  4　塩尻の求道と到達点―塩尻人格主義の真髄―　34
    （1）天分と愛情の問題に悩む　34
    （2）刀葉林地獄を超えて「受取るの一手」へ　37
    （3）塩尻の求道生活の総括　42
  5　塩尻から見た河合の生き方　47
    （1）河合を高く評価した点　47
    （2）塩尻の河合批判　52
  6　河合と塩尻の生き方が教えるもの　61
    （1）自力本願の河合と他力本願の塩尻　61
    （2）補完関係か対照的な関係か　62
  おわりに　63

第2章 "よく生きること"についての人間学
　　　―青年学徒に与えた塩尻公明の言葉― ……………………… *70*
　はじめに　*70*
　1　塩尻公明という人―人生哲学を語る講義―　*71*
　　（1）塩尻公明の略歴と思想　*71*
　　（2）「如何に生くべきか」を語った塩尻の名講義　*73*
　　（3）学生たちに尊敬された塩尻教授　*76*
　2　「第一次出陣者壮行式　激励の辞」―生きて帰らんことを―　*78*
　　（1）学徒出陣と学徒勤労動員の背景　*78*
　　（2）旧制高知高校における第一次出陣者壮行式並びに激励会　*80*
　　（3）塩尻公明の「壮行激励の辞」―生きて帰らんことを―　*83*
　　（4）塩尻公明の「壮行激励の辞」の意義　*84*
　3　「文科1年を工場へ送る言葉」　*90*
　　（1）塩尻公明の学徒を工場へ送る言葉―よく生きることは、よく死すること―　*90*
　　（2）「送る言葉」の考察　*92*
　4　塩尻公明の言葉の真意　*96*
　　（1）塩尻の主張の核心　*96*
　　（2）塩尻の言葉の底流にあったもの　*97*
　おわりに　*98*

第3章　法と道徳と生き方の人間学―塩尻公明における遵法精神―　……*103*
　はじめに　*103*
　1　政治と法律　*104*
　　（1）政治と法律について考える　*104*
　　（2）善き法と悪法を判定する　*106*
　　（3）遵法精神を考える　*108*
　2　権利と義務について　*110*
　　（1）権利と義務の関係　*110*

（2）個人の権利と社会成員の義務　　112

　　　（3）権利と自由の根拠　　114

　　　（4）権利と義務についての注意点　　116

　　　（5）まとめ　　118

　3　矢内原忠雄と河合栄治郎の遵法精神と生き方　　120

　　　（1）矢内原忠雄の遵法精神と生き方　　120

　　　（2）河合栄治郎の遵法精神と生き方　　125

　おわりに―塩尻公明の遵法精神と生き方―　　133

索　　引……………………………………………………137

あとがき……………………………………………………139

塩尻公明と河合栄治郎
―他力と自力の人間学―

第1章

自力と他力の人間学
―河合栄治郎と塩尻公明の人間像考察―

はじめに

　河合栄治郎（1891～1944）と塩尻公明（1901～1969）は師弟関係にあった。いうまでもなく河合栄治郎が師で、塩尻公明が弟子であった。本稿では、河合栄治郎と塩尻公明の人間像に焦点を当て、2人の人間性と生き方とを比較考察し、我々の生き方の参考に供したいと企図するものである。
　限られた資料の使用と貧弱な考察とで所期の目的がどれほど達成することができるかについて不安を払拭し得ないが、それを承知しつつも、河合と塩尻についての研究に対するささやかな参考になれば望外の喜びである。
　本稿の論述は、2人の出会いとその後の師弟関係についての概観、塩尻が見る河合の人間像の分析、2人の共通点と相違点の由来を考察し、最後に、まとめを兼ねて人間の生き方についての私見を述べていくことになる。なお本稿は、研究論文の形式上、人物の敬称は省略させていただく。

1　河合と塩尻の出会い

（1）塩尻の河合先生論
　塩尻はその著作において恩師の河合栄治郎についてしばしば触れている。しかし、ここでそれらに関連するすべての随想文を列挙することは不可能である

し、また、あまり有益とも思えない。以下では、塩尻が直接「河合先生」または「河合教授」と題して書いた5篇の随想文を示すことにしたい。それらを年代順に整理すれば、次の通りである。

① 「河合先生の想い出」、社会思想研究会編『河合栄治郎　伝記と追想』、1948年7月。

のち同編『河合栄治郎　伝記と追想』（以下、『伝記と追想』と記す。）、現代教養文庫、1952年11月所収。

② 「河合教授と手近の理想主義」(1954・4・24稿)、『社会思想研究』7巻7号、1954年6月号。

のち『塩尻公明・木村健康、猪木正道随想集』東京創元社、1954年12月所収。

『宗教と人生』現代教養文庫、社会思想研究会出版部、1955年5月所収。

『若き友に贈る―塩尻公明人生論Ⅱ―』現代教養文庫、社会思想社、1966年9月所収。

③ 「河合先生の部屋」(1958年6月稿)、『老春と青春』神戸近代社、1960年7月。

④ 「河合先生の思い出」(1962年2月17日稿)、『社会思想研究』14巻3号、1962年3月号。

⑤ 「河合先生の手紙」(1968年4月9日稿)、『社会思想研究』20巻8号、1968年8月号。

これらに塩尻が恩師河合について語った口述談の記事を、次に追加しておこう。

⑥ 「"自然は偉大、先生は矮小（？）"」、『河合栄治郎全集』第3巻、月報6、1968年。

以上が、塩尻が恩師河合を直接の対象として論じた文章である。本稿では、以上の文章その他を参考にして論述していく。

（2）2人の出会い

i　河合の「経済学」の講義を受講

学生にとって恩師との出会いは、偶然的なものである。その意味では、出会

いは出会いではなくて、出遭いと書くべきであろう。

　塩尻（当時、備藤姓）が生涯の恩師と仰ぐ河合先生に出会ったのは、東大から初めて出講して来た河合（当時は、東京帝国大学助教授）の「経済学」の講義を受講した時であった。それは、塩尻が旧制第一高等学校（以下、一高という。）2年生の時であった。

　その頃の塩尻は、学業成績では入学以来、首席を続けていたが、天分と愛情の問題に直面し、苦悶し始めていた時であった。つまり、秀才の上に天才が存在することを知って自己の天分の貧しさを自覚し、少女への愛が失恋に終わって愛欲の苦しみに苛(さいな)まれていた頃であった。

ⅱ　読書会と恩師

　こうした時に級友の川合英夫が主唱して作ったのが、河合先生を囲む「読書会」であった。ただしこの読書会の結成については、河合自身がかなり積極的に関わったように推測するが、ここではこれ以上触れないことにする。

河合栄治郎を囲む読書会

　ちなみにこの読書会のメンバーは、山際正道、高田正、梶村敏樹、奥田三郎、備藤（塩尻）公明、宇川春景、高橋敏雄、重成格、浦田信雄、深沢家治たちであった[1]。

　公明はこの読書会を通じて河合の教えを受け、生涯にわたって同教授を唯一の恩師として尊敬していくことになる。塩尻は「河合先生の想い出」の中で、次のようにまで書くに至る。

> 「自分の一生は色々の点で先生を離れては考えられないものであるが、自分の外的な運命もまた先生に依って大きく決定された」[2]。

　塩尻と河合の講義での出会いはこの時の半年間であったが、読書会を通じての師弟関係は、その後、大学の期間のみならず卒業後も続き、河合の死去によって終わる。思えば、読書会を通じての師弟関係であったとさえ言える。

(3) 推薦で教職に就く

i 河合教授の塩尻評—「あれはほんものだ」—

河合は、大学卒業後、友人達の進んで行く立身出世の途から一人外れて特異な放浪生活をしていた塩尻の身の上を心配していた。しかし河合は、塩尻の才能を認め、周囲の人々に「あれはほんものだ」と評価していた[3]。

河合がそのように評価していた背景には、幾つかの理由があったように思われる。

1つは、塩尻が、河合の高い評価を得るレポートを提出していたことがあげられる。おそらくエリート好きの河合は、塩尻のレポートを読んで、彼の優秀性を知るに至ったのであろう。否、塩尻が読書会メンバーに選ばれたのも、河合が塩尻をメンバーに加えることを川合に指示したと考えられる。

ii 塩尻の批評を謙虚に聞く河合教授

2つは、河合は塩尻に対して温かいが手厳しい指導をしたが、河合も門下生の塩尻によく批評を求め、塩尻の批評を謙虚に聞いたことがあげられる。塩尻は次のように回想している。

「先生はまた実によく批評を求められ、又どんな批評でも喜んでよく聞かれたのである」[4]。

河合の晩年の頃のことであるが、塩尻が河合編著の『学生叢書』の批評をしたときなどには、河合は国子夫人にも一緒に聞くように言われたという。また、河合著『学生に与う』の批評を求められた時、塩尻が「反復が多く上すべりと希薄な感じを免れない。…暫くものを書かないで御勉強なさったらよいのではないか」と言うと、河合は「これから本当に勉強するよ」と心から言われた、ということである[5]。

iii 河合の推薦で高知高校の教師に

塩尻は1930年に、河合によって旧制高知高等学校の「法制経済」担当の教師に推薦される。その時の河合の校長への紹介内容は、「大学卒業後正規の勉

強をしていないので、今すぐに良い教師になるということは困難であるかも知れないが、そうなり得る可能性をもっている」[6]というものであった。

塩尻は、講師として着任する（半年後の10月に、教授に昇進）。塩尻は着任早々に、引き受け手のなかった弁論部の部長を引き受け、直ぐさま「生徒たちを金縛りにする神通力」を発揮し始めた。塩尻の採用時の評判は「この人は神経衰弱ではないか」であったが、それがすぐさま、「全く掘り出し物ですよ」[7]に変わったという。これが、学究的教育者・塩尻公明教授の誕生であった。

iv 唯一人の先生

塩尻に J. S. ミルの翻訳の仕事を与えたのも、河合であった。塩尻が1939年出版の訳書[8]も、河合の指示と支援とによるものであった。河合の企画であったJ. S. ミル著 "*On Liberty*" の河合・塩尻共訳は、塩尻の下訳まで出来上がっていたにもかかわらず、河合事件のあおりを喰って出版までには至らなかった。しかし、同書が約30年後に、塩尻公明・木村健康共訳『自由論』[9]として岩波書店（岩波文庫）から出版されることになったことは、周知の通りである。

塩尻が尊敬したのは、宗教家の親鸞と道元、母（養母の卯女）、現代の宗教家としては蜂屋賢喜代師であり、憧れとしての天才ゲーテとベートーベンであり、先生としては河合栄治郎であった。塩尻は46歳ごろに書いた河合追悼文で、次のように言い切っている。

> 「小学校以来沢山の先生達に教わったが、自分が心から先生と呼ぶことが出来たのは河合先生一人であった。…将来自分の思想が先生のそれとどんなに食違って来るようになっても、先生に対する尊敬はいつ迄も変ることはないであろう。」[10]

ここで塩尻が「将来自分の思想が先生のそれとどんなに食違って来るようになっても」と書いているのは、どういう意味であろうか。私見では、塩尻にとって河合は尊敬する恩師であり、立派な思想家であるが、塩尻自身は一個の独立した人間として、河合の生き方を評価していく、という意味のように受け取れる。

（4） 尊敬する恩師河合栄治郎

i　学問的恩師としての河合

　塩尻は10代から20代にかけては人間の内心の問題に悩んでいたこともあり、学問・研究の価値を認めなかった。河合の研究にも余り関心を持たず、河合の忠告にも従順ではなかった。まして自分自身が、学者（教師や研究者）になろうという気持ちを持ったことも考えたこともなかった[11]。

　しかし塩尻は、旧制高校の教師になり、勉強と研究と教育指導を続けるうちに研究の魅力を感じるようになるとともに、学問的恩師としての河合の学問的業績の高さ、人間としての寛大さ、教師としての偉大さを認めるようになった。

　塩尻の著作には、河合を尊敬する記述を至る所で見出すことができる。特に塩尻が晩年になるにつれて、河合を敬愛する言葉と機会とが多くなっていった。

　特記しておきたいことは、河合事件の際、塩尻は怒りを露わにしてその不当性を学生たちに語ったり、河合を土佐の山村に匿（かくま）う計画を真剣に立てていたりしたほどであった[12]。我が身を犠牲にしても、恩師を守ろうと考えていたのであった。

　塩尻が河合の忠実な門下生であることを示すまた一つの事例は、塩尻が恩師河合の言葉を大切にしていたということである。塩尻が余りにもしばしば使用する格言であるので、塩尻自身の言葉であると思い込んでいたら、実はそれが河合の言葉であったという場合を知って、驚く場合が多々ある。塩尻は堂々と、「これは河合先生の言葉であるが、私が盗用させていただいている」と公言してはばからなかった。

　次に、塩尻が河合先生の言葉としてよく紹介している言葉を例示しておこう[13]。

　　「理想主義者に不幸というものはありません。あらゆる事が人間の成長に役立つのですから。」
　　「この世に生れ、人格成長のために努力して、人知れず世を去った、ということだけでよろしいのだ。」

「起こりくることのすべてがよからざるはない、という古人の言葉の意味が、少しずつわかってくる気がする。」
「高校教授の繁忙はまことに同情にたえませんが、急がず休まず、一日わずか一時間の執筆で、等身の書をなしたJ. モーレーのことを考えて下さい。」
「今日講談『大久保彦左衛門』を読む。自分もあのように天下御免の人間になりたい。それには私の念があってはならない。いつでも腹を切る覚悟がなければならない。」
「何事もやりかけた事は貫徹するのだ。中途半端がいけない。貫徹できないような事は始めからやらないがよい。だから熟慮、しかして断行、しかして貫徹だ。」
「最初の書物がたいせつだから念には念をいれよ。」
「われわれが左すべきか右すべきかに迷い苦しんで、しかも何れの方向にも容易に決定しがたいほどに左にも右にもそれぞれ相当の理由があると思われるときには、われわれ自身の利益とは反する方向に決定した方が正しきにかなうことが多い、何故ならわれわれは無意識のうちに自己の利益とする方向に多くの理由付けを試みてやまないものだから。」
「理想主義体系が完成するまで約10年、63歳の頃までは石にかじりついても生きていたい。然し理想主義哲学そのものが命をすてることを命ずるならば、その時にはいつでも未練なく命も捨てねばならない。其処にこそ理想主義哲学の特異性があるのである」（これのみ、「河合先生の想い出」より）。

2　河合栄治郎の人間像—その人と思想—

（1）河合像に迫る

ⅰ　進む河合の再評価

　それにしても、塩尻が尊敬し絶賛する河合でありながら、他方で、「将来自分の思想が先生のそれとどんなに食違って来るようになっても」と突き放した書き方をしている河合とは、一体どういう人物であったのであろうか。そこで本節では、河合栄治郎の人間像（＝人物と思想）について見ていくことにする。
　河合は戦前の昭和期に活躍した東大教授で経済学者。左翼のマルキストたち、右翼のファシストたち、それに軍部の暴挙に果敢に論戦を挑んだ戦闘的自

由主義者、理想主義者、人格主義者、教育者である。近年、河合の思想と実践とを見直そうとする研究会（例えば、河合栄治郎研究会）も発足し、河合を再評価しようとする研究成果も公刊されつつあることは嬉しいことである。やがて河合の実像が明らかにされ、彼の実像が明らかにされるであろう。

本稿では、これまでに蓄積されて来た幾つかの優れた河合栄治郎の評伝や人物評など[14]を活用して、できるだけ河合の人間像を鮮明にしようと考える。

ⅱ　木村と猪木の河合評に学ぶ

本節でとりわけ参考にする文献は、木村健康と猪木正道の河合評である。木村は河合の側近中の側近で、「河合栄治郎の生涯と思想」[15]や「或る自由主義者の歩んだ道―河合栄治郎の人と思想―」[16]という優れた河合評伝を書いている。猪木は河合の晩年の教え子で、「リベラリスト・ミリタント」[17]なる題名で河合像を大胆に描いている。

木村と猪木の河合評伝に共通していることは、河合の人間的・性格的特徴を長所とともに短所をも冷静且つ適確に描いていることである。その意味でも2人の評伝は、河合を知る有益な文献である。

（2）強烈な個性の河合の人間像

ⅰ　二者択一的態度

木村は、河合の性格を「激しい性格」「負けぬ気で意地の強い性格」「特異の性格」「道徳的エネルギーに人一倍恵まれていた…煩悩の子」という言葉で表現し、さらに河合の「学問上及生活上の基本的態度」を次のように整理している。

1つは、「黒白を明かにする」態度、「二者択一（エントウェーダー・オーダー）」的態度である。具体的には、河合の次のような態度である。

　　「真偽、正邪、善悪の区別を曖昧模糊のうちに葬って、たとえば親しい者の誤謬や失策はこれを黙過し、疎遠なものの正論はこれを歪曲して非難するというような態度は河合先生の最も嫌悪するところであった。私的な生活においても先生はそのよ

うに考えかつ行動したが、とくに公人としての言動については自ら峻厳に『二者択一』を守ろうとしたし、ひとにもこれを要求した。」[18]

ii 妥協を嫌う

2つは、妥協を嫌ったということである[19]。この態度は、先の「黒白を明かにする」態度、「二者択一（エントウェーダー・オーダー）」的態度から当然に導かれる結果である。

河合は、所謂「大乗的見地に立って行動する」態度を嫌った。例えば何か紛争が起こった場合、当事者または第三者が、当事者の正邪善悪を不問に附して、所謂「大乗的見地」から、すなわち結果主義に基づいて一切を水に流して妥協することは、日本ではよく行われるところであるが、河合はこのような有耶無耶の妥協を極端に嫌った。

例えば、自己の責任でもないことを自己の不徳のいたすところとしたり、酒に酔いしれてお互いの肩を叩きながら、「大乗的見地」に立って「一切を水に流す」ような態度は、河合の最も軽蔑に値する所為であった[20]。

iii 自他に不寛容

3つは、通常の意味において、寛容ではなかったということである。河合は、自らも厳しく律し、他人の忠言と批評とを受け容れたが、他人の過失や欠陥や弱点を指摘したり批評したり諫めたりすることでは決して容赦しなかった。つまり自分に対しても、他人に対しても厳しかった[21]。もちろん河合は、黒白を弁じない態度を、私的交渉においても認めなかった。

木村は「河合先生がその生涯において親しかった人と絶交したり疎遠になったりした例は決して稀ではないが、それは依怙地な人間関係を、徹底的な二者択一で処理しようとした先生の態度に一半の理由があったといえなくもない」とか、「二者択一主義は実際生活においては先生の身辺に少なからぬ摩擦や紛糾を起こさずにはおかなかった。先生を尊敬し敬愛する親友や支持者や門下も少なくなかったかわりに、敵も多く、就中先生の親しい人々で先生から遠ざかるものも数少なくなかった」[22]と書いているが、正鵠を射た指摘であろ

う。

iv　意地の強い性格

4つは、「負けぬ気で意地の強い性格」の持ち主であったということ[23]、言い換えれば、実践において正義と善とを貫徹する剛毅さと不屈不撓の精神との持ち主であったということである[24]。

　河合は「ただ1人の支持者もなく四面楚歌となっても、自己の正しいと信ずることをただ独りで貫徹するのだ」と言い、「汝の道を進め、而して人をして語るにまかせよ」というダンテの言葉を愛した[25]。そうした生き方はともすれば孤独に耐えることを強いられるが、河合は何人にも依存せず、一切の毀誉褒貶を超越して「唯一筋の路」を歩んだ[26]。まさしく河合は「強い性格」の持ち主であった。

　実際生活において善悪正邪の別をわきまえ、悪と邪を拒絶し、正義と善とを貫徹するには、余ほど強い道徳的エネルギーを具えた人でなければならないが、木村は、河合はそうした「資質にめぐまれた稀にのみ見られる人々の1人」であったという[27]。

v　合理主義者

5つは、合理主義者であったことである。河合は、「合理主義的リゴリズム[28]」で人間的欲求としての五欲[29]と煩悩（利己心など）とを克服しようとしたということである。

　強い道徳的エネルギーを具えた人であった河合は、同時に、人間的な欲望の激しい「煩悩の子」であった。しかし河合は、人間的欲求としての五欲と煩悩はそれ自体善でも悪でもなく、いわば人間の自然であって、それを理性によって中庸・調和状態にコントロールすればよい、と考えた。これは、人間性の肯定とその上に立つ調和の実現に善があるという考え方に他ならない。これが、いわゆる「河合のヒューマニズム」であった。

　ただし木村によれば、「煩悩の子」であった河合は、多くの場合、自己の煩悩との闘いにおいて勝利者たりえたけれども、稀にはこれに敗れることもない

ではなかった、と言い、そのような場合、河合は人一倍激しく悔恨し苦悩した、と書いている[30]。しかし河合は、自己の「ヒューマニズム」（道徳的精神的努力）を確信するがゆえに、煩悩との闘いに敗れても悔恨し苦悩しても、自己の無力さと限界とを自覚しても、絶対者や宗教に救いを求めることを拒否した（河合は、一高の生徒時代に、宗教的救いを求めて、内村鑑三の門を敲いたが、内村の門には入らなかった）。河合には「善人また成仏す。いわんや悪人をや」とか「みこころのままになしたまえ」というような句は、理解し難い境地であった[31]。

vi　コンプレックスをもたず

6つは、（猪木の分析であるが）、いかなる種類のコンプレックスももっていなかったということである。この点について、猪木はつぎのように言い切っている。

> 「一高時代には内村鑑三の門をたたかれた先生が間もなくキリスト教を去られたのは、先生にコンプレックスが存しなかったことに基いていると思う。先生は幼時から厳父と慈母とを心から敬愛しておられ、エヂプス・コンプレックスを持たれたことがなかったので、キリスト教の原罪観はどうしても性に合わなかったものらしい。先生には全くコンプレックスがなかった。」[32]

猪木は、河合にはコンプレックスがまったくなかったという。それゆえに、河合は率直な態度で言いたいことを言い、したいことをして堂々と進まれたのだ、と言っている。

以上、木村と猪木の河合評を中心に、河合の人間像的特色を、6点にわたって整理してきた。繰り返すと、それらは、①黒白を明かにする性格（二者択一的性格）であったこと、②妥協を嫌ったこと、③寛容ではなかったこと、④強い性格（激しい性格）の持ち主であったこと、⑤合理主義者であったこと、⑥コンプレックスをもっていなかったこと、である。

おそらく、もっと多様で細目的な分析もあるかと思われるが、河合の性格分析の特徴の6つは広く承認されるであろう。ただし、河合に近い人々による河合評も、若干追加して参考に供しておこう。

(3) 河合の性格分析―若干の補足―

i 伊原吉之助の観察―「剛の人」―

伊原吉之助は、河合を「剛の人」[33] と表現している。木村と猪木の性格的分析を見る限り、また河合の職歴や生き方を読む限り、河合は「剛の（性格の）人」であったといえるであろう。剛の性格は、学者、思想家、戦闘的論争家にとって必要不可欠な条件であると思われる。

彼のこのような性格は、遺伝的なもの（生来的なもの）と彼の生い立ち（広い意味における文化的教育的生活的環境）とに規定されたものであると考えることができそうである。それを探ってみよう。

1つは、彼の生まれである。河合は東京千住の酒屋の家に生まれた。祖父が三河の出身で、父の善兵衛は刻苦勉励、商いを拡げて財をなし、町会議員にまでなった。父は意志強固で公共に尽くす心厚かった一方で、功名心、自己顕示欲も強かったようである。また、下町の商家の慣習で、金の扱い方にも厳しかった。こうした父の生き方が、河合栄治郎の生育過程で彼の性格形成に大きな影響を与えたであろうことは、「三つ子の魂、百まで」という諺が示すように、間違いのないところである。

2つは、教育と彼の天分（学的才能）である。彼は学力優秀で、当時の最高のエリート・コースである旧制第一高等学校 → 東京帝国大学法学部政治学科をトップクラス（銀時計組）で卒業した。しかも、キャリア官僚として就職し、やがて母校東大の経済学部の助教授、やがて教授となり、まずまずは順風満帆の学究的生活を享受することができた。もちろん彼は、学校時代や各職歴の各々で苦労を経験した（例えば、中学校時代のいじめ体験と転校、官僚としての挫折と退職、婚約の破談、学部における派閥抗争、学部長辞任など）であろうが、河合事件までは決定的な失敗や挫折を経験しないできた。こうした恵まれた生活、自信満々の言動が、彼を剛の人に育てたといえるであろう。

しかし、剛の人は剛の人なりに、正の力を発揮するとともに、負の面も持っていた。河合もその両面を持っていたが、これについては後述することにしよう。

ⅱ　粕谷一希の観察―戦闘的・独善的性格―

河合の人となりを粕谷一希は、次のように書いている。少し長いが引用しよう。

> 「河合栄治郎は、思想家であり学者であり教育者であった。その人物は、思想の主張においてきわめて戦闘的であり、学問の構築において精力的に体系的思考を貫き、教育的感化において徹底的にエロス（愛）の探求者であった。
> 　戦闘的であることは、逆に多くの敵対者をつくっていくことになる。体系的であろうとする合理性は、ときとして曖昧で繊細な領域を切り捨てることであり非合理的な部分を無視することになる。それは人間関係にも投影されて、相手や周辺の気分、感情、情緒をときとして踏みにじることになりかねない。そして最後に、河合栄治郎の教育的情熱は、その使命感でもあったが、それ以上に体質であった。彼の英雄的、独善的な態度は、その戦闘性や合理性の楯の反面である。その限り河合栄治郎は自己中心的人間であった。」[34]

河合の性格の長所と短所とを、見事に指摘しているように思われる。解説は不要であろう。

3　塩尻が河合を敬愛した理由

(1) 人間性の基底で共通する２人の個性

伊原の表現に従えば「柔の人」としての塩尻が、なぜ「剛の人」の河合を敬愛し続けたのであろうか。それは、河合が塩尻の恩師であるから、というだけでは説明がつかないように思われる。何しろ、塩尻と河合の師弟的接触は高校２年生の時に受講した半年間の「経済学」の講義と、河合を囲む読書会での付き合いしかないこと、しかも、河合の厳しい性格のために彼の下を離れていった門下生が少なくなかったことを考えると、河合と正反対の性格を持っていたと思われる塩尻が、河合を生涯にわたって敬愛し続けたことは、誠に不思議であったと言わなければならない。

だが筆者は、２人はその人間性の基底において共通した要素を持っていたの

ではないかと推測する。つまり2人は、周囲の人々には表面的には相反するように見えながら、その基底では共通する人間性（性格）を持っていた、しかしながら、その人生への対応と人間性のコントロールの仕方（処理の仕方）において異なっていたのではないか、と考える。

（2）河合と塩尻の人間性的性格的共通点—強烈な個性—
i　強烈なアクの強さ

河合と塩尻には、人間性の性格において多くの共通点があった。以下、それを列挙していこう。

1つは、異常なほど身体頑健で、エネルギッシュな人であったということである。

2人は、若い時から健康に自信があり、エネルギッシュな人であった。疲れを知らない健康体と有り余るほどの精力の持ち主であったと言い換えてもよい。ただし、その自信（過信）と過酷な勉強とが、結果として彼らの健康で頑強な身体を破壊するのであるが。

また2人は、ともに健啖家（けんたん）（食欲旺盛）であったということである。この食欲旺盛が、彼らの健康とエネルギーとを支えていた。

例えば河合の食欲旺盛さについては、「先生の食欲はダイモン的で、牛肉300匁位はまたたく間に殆ど噛まないで味わわれたし、みかんの如きは黄色の外の皮さえむかずに、恰も蛙が蚊（か）や蠅（はえ）をパクつくようにのどへ投ぜられた」[35]とか、週末に常宿としていた箱根での旅館では、昼食に「カツライス、そば2杯、2膳のめし」「夜食は5杯」「1度に氷菓子6個、ネーブル8個、みかんは皮ごと」食べた、などと紹介されている。彼は酒を飲まなかったが、大変な甘党であったという。部屋に籠って机にかじりつく生活で大食、しかも大変な甘党とくれば、歳を重ねるにつれて身体を壊さない方が不思議である。糖尿病も発症していたに違いない。

塩尻も驚くほどの大食漢であった。酒の方も土佐仕込みで、かなり強かった。彼は学生時代から喫煙していて、健康を害する頃まではヘビースモーカーであり、且つコーヒーの愛好家であった。もっとも塩尻の場合、趣味は多彩

で、彼自身はスポーツをしなかったが、大の巨人ファンでプロ野球を観戦したり、(旧制高校生の時代から) 将棋・囲碁・トランプ遊びも楽しんだりした。

確かに2人は壮年期までは健康体であったし、エネルギッシュに仕事に従事することができた。食欲旺盛が、彼らの思索の粘り強さの土台でもあった。しかし、物事には限度というものがある。何事も、度を超すと弊害が出て来る。それが出て来たのであった。

2人は、栄養の取り過ぎに加えて、過労(仕事のし過ぎ)と頑張り過ぎとから、過労死したように思われる。言い換えれば、仕事(勉強)に熱中し過ぎたために、運動不足になり、健康を損なったということである。「頑健な身体」と「不摂制な生活」(過食と猛勉強)とが2人の寿命を縮めた(河合53歳、塩尻67歳で逝去)と言ったら、言い過ぎであろうか。ちなみに、河合学派には早死者が多いようである(例えば、塩尻らの読書会メンバーには早死者が多い)。

この点と関連すると思われるが、自ら河合の孫弟子と称し、また社会思想研究会や大学で塩尻の同僚であった伊原は、河合と塩尻の性格的共通点を次のように指摘している。

> 「御二人とも、異常なばかりのエネルギーの持主であったことである。エネルギーで解り難ければ、執着といってもよい。粘り強さといってもよい。アクの強さといってもよい。これこそ、御二人の理想主義(求道)の原動力であったのだ。…(塩尻先生の)アクの強さは、人並みを絶していたように思う。」[36]

伊原によれば、2人とも異常なばかりのエネルギー、強い執着心、強いアクの持主であったという。とりわけ塩尻の「アクの強さ」は人並みを絶していたとは、塩尻の傍にいた人のみが言い得る言葉である。

ⅱ 抜群の秀才

2人は、ともに旧制一高から東京帝国大学法学部政治学科を優秀な成績で卒業した秀才であった。河合は銀時計組であり、塩尻は5年修了者と4年修了者の同時入試の年の一高入試で、文科甲類(英語が第一外国語)の約1,700名の入学志願者中3番(文科甲類三組の1番)で入学し、長らく首席を続けた。

秀才であることは、優越感を持ち易くする一方で、劣等感をも持ち易くするものである。ただし、この対処において、2人には違いがあった。

　河合の場合、猪木が指摘していたように、学力・才能においてコンプレックスを感じなかったようである。コンプレックスを持たない人間というのは稀有で、それ自体不思議な人間であると考えるが、河合の目標とする人物は一体、誰であったのであろうか。このコンプレックスを持たないという人間性（性格）が河合をして、彼自身を強気にし、傲慢にし、自己を正当化し、内省の乏しい人間とせしめたのではなかろうか。

　塩尻の場合は、劣等感のオンパレードであった。彼は旧制高校時代の読書で、秀才の上にさらに天才が存在することを知り、自分が秀才であることに満足できず、本気で天才になろうとした。否、天才でなければ価値がないとさえ考えた。そのために逆に（否、当然のことながら）、生涯にわたって天分の乏しさに悩み、劣等感に悩み続けた。塩尻は秀才であったために、天才と比較して自分の天分の乏しさに悩み続けたのであった。後に彼は自分の誤りに気づいて反省するに至るが、それまでにはかなりの年月を要した。

iii　強い勝他心の持ち主

　河合も塩尻も大の負けず嫌いであり、自信家でもあった。特に若い時はそうであった。例えば2人は、学校の成績でトップを維持するために猛勉強を続けたことも共通している。

　2人がともに一高病患者であったことも共通している。すなわち2人は旧制一高以外は高校ではないと考え、一途に最高峰の一高を目指した。このため中学生時代の河合は、一高の受験勉強のために健康を害するほどの猛勉強をした。塩尻は首席で入学した一高で、それ以後も首席を維持するために人一倍強い勝他心を燃やして勉強した。とにかく2人は負けず嫌いであった。

iv　強靭な心の持ち主

　塩尻も河合も、マイナス面を克服してプラス面を伸長することに成功した人であった。否、マイナス面を自覚して、それを克服してプラス面に転換すべく

努力精進した強靭な心の持ち主であった。

　例えば河合の場合、周囲の人たちの河合の印象は、常に強気な人であった。確かに彼は、役人をやめるという経験、愛情に関する悲痛な経験（失恋経験）、（不本意な）裁判闘争といった幾つかの大きなマイナスの経験を逞しくプラスの経験に転換するという貴重な経験を通して、「あらゆる事件が人間の成長に役立つ」という楽天主義（人格主義の核心的な考え方）の境地に到達することができた。

　塩尻の場合、一高時代に、秀才の上に天才がいることを知り、天才になろうとした。彼は天才をゲーテに見出し、ゲーテになろうとした。棟方志功流に言えば、「わだばゲーテになる！」である。しかし塩尻は間もなく、自分が天分において貧しい存在であることを知って悩み続けた。以後、塩尻は「天分の乏しさ」と「失恋の問題」をはじめとして、自分の幾つかの人間的欠陥を過剰に意識し、生涯にわたって劣等感を持ち続け、かつ悩み続けた。万能人でありたいと願って叶えられない現実の自分に絶望したのであるが、言語に絶する苦しい精神修行（例えば、一燈園生活や座禅修業など）によってその絶望体験を克服し、やがて類稀な人生の生甲斐と歓喜の感情を獲得するようになった。

　つまり2人は、強靭な心（精神）でマイナスをプラスに転換することに成功した人であったということである。

v　猛勉強家・努力家・意思の強い人・執着心の強い人

　2人は、研究者・学者に必要な要素（猛勉強家、努力家、強い意思、強い執着心、執念深さ）を具備していたことである。これについては敢えて例示する必要がないと思われるが、少しだけ指摘しておこう。

　言わずもがなであるが、2人とも猛勉強家であった。例えば河合は、何事において、事前にしっかりした計画を立て、その計画通りに勉強したり旅行したりした。勉強についていえば、1日十数時間、時には18時間の勉強を、計画通りに実行した。

　塩尻も、計画を立てて勉学に励んだ。彼は30代から40代にかけて、「一四の原則」（注・毎日、1時間の座禅と4時間の勉強を続ける生活法）を十数年間、継

続した。彼は「勉強時間なき苦しみ」を嘆いたが、それにもかかわらず、戦時中であっても、職務上の事務・雑務を多く抱えても、勉強時間を余らせるほどの勉強を続けた。

2人は、勉強時間を優先的に確保する生活をしたために、運動不足になり健康を害したのではないかと思われる。

今ひとつ付け加えれば、塩尻は初恋の女性（義理の妹）に失恋するが、生涯にわたって彼女に恋い焦がれた。しかし彼は、この失恋を通して、"この世には何ともならないものがある" という教訓を学ぶ。それにしても、彼の彼女への執着の深さは言語を絶している。だがこの強烈な執着心（執念）こそ、彼を類い稀な求道者、謙虚な学究的教育者へと導いた要因の1つであったに違いない。

vi 自分に厳しい人

河合も塩尻も自分に厳しい人であったことである。言い換えれば、2人とも自己を律することに厳であったということである。幾つかの例を挙げよう。

その1例は、2人は生涯にわたって日記を書き続けたということである。日記を書く習慣を持つ人は、自己の日々の生活を点検し反省する機会を持つので、自己に厳しい人であると考えられる。河合の日記は全集に収録されているが、塩尻の日記は膨大な分量にのぼると推測されるが、一部分の引用を除いて、未公表である。その公開が待たれるところである。

その2例は、先に触れたところであるが、2人は実行に先立って先ず詳細な行動計画を立て、その計画通りに実行したということである。河合の場合、研究、旅行、箱根（勉強）合宿、日常生活、海外生活等において入念に計画を立て、頑固なほどその計画に従って行動した。

塩尻も、一燈園生活の強制、「一四の原則」という厳しい生活法を自らに課して、それを実行した。また、読書や執筆に投下した時間を計算したり、執筆した原稿には執筆終了年月日を記載したりするという習慣を守った。

その3例は、2人は自分に厳しかったが、私人間の交わりにおいては寛容であったということである。「自己に甘く、他人に厳しい」が普通人の習性であ

るが、2人は「自分に厳しく、他人には甘く（寛容・寛大）」であった。この態度は、人間の大きさと懐の深さを示すものであろう。

ただし、他人に対する寛容さにおいて、2人の対応には違いがあった。河合の場合、彼は世話好きで、学生や他人の世話を好んで行った。彼には、いわゆる江戸っ子魂、親分肌のところがあった。しかしその反面、寛容さにおいては、後でも触れるように、やや厳しい面があったようである。

塩尻の場合、自分には厳しかったが、他人には寛容であった。彼は、他人を悪く言うことは滅多になく、長所を見出しては褒めるのが常であった。それゆえに塩尻に接した人たちは、ほとんど誰もが"自分こそ、先生に最も親しくしていただいた人間だ"とか、"自分こそ、先生の一番弟子だ"と考えるようになったという。塩尻自身も、"自分は感心音痴で、感心し過ぎるきらいがある"と反省していた。筆者自身も、"この人は褒め過ぎではないか"と思うほど高い褒め方をしている塩尻の文章に出くわして驚いたことがある。しかし彼の"感心音痴（褒め過ぎ）"は、彼の人間の甘さを示しているというよりも、彼の人間的スケールの大きさ、他人に対する寛容と優しさとを示していると考えている。

もっとも2人は、その寛容の限界を超えた場合、厳しい態度を取ったことを追記しておかなければならない。河合は、生活力の弱い、イエスかノーのはっきりしない人物を軽蔑し嫌悪したこと[37]、マルキストたちやファシストたちには戦闘的に論陣を張ったこと、平賀粛学に反対して辞表を提出した後に日和（ひよ）って復職した門下生たちを破門したことなどである。

塩尻は本来「愛憎の激しい人」[38]であったが、日頃は温厚で、怒りを露骨に表すことはなかった。おそらく修練と理性とで、感情を抑えていたのであろう。その塩尻も、面従（めんじゅう）腹背の学生たちや右翼の学生たち、自己反省のない傲慢な人たち（校長や教員たち）や不遜な学生たちには厳しい態度を取り、時には完膚なきまでにやっつけることもあった。

研究者や教授は自分の主義・主張を持ち、それを発表することが求められる。その表現や言い方に配慮と工夫とが必要であるとしても、安易に妥協したり不本意のままに沈黙したりすることは、自己否定に繋がる場合がないとも限

らない。この点で2人は、遠慮することがなかったのである。そのためか2人は、味方も多かったが、敵も少なくはなかった。

vii 信念・主義主張に忠実

河合も塩尻も、言行一致の人であったということである。言行一致は"言うは易く行うは難し"であり、その忠実な実行は至難の技である。しかし2人は、それを守った稀有な人であった。

河合は、若い時代から理想主義哲学を掲げ、人間的成長を最高の価値と考えて努力と精進とを重ねた。しかしその生き方は、その潔癖さのゆえに、現実の社会と制度との下では至る所で多くの障碍に遭遇しなければならなかった。例えば河合の人生は、農商務省では保守的官僚との対立と辞職、東大経済学部では激しい派閥抗争、戦時期には軍部ファシズムとの戦いと裁判闘争というように、対立と闘いの連続であった。

しかし理想主義哲学を掲げる河合にとってみれば、そうした対立と闘いは回避することのできない人生行程、いわば宿命であった。そのことは河合自身が一番承知し、また覚悟していた。例えば河合は、1940年に執筆した『学生に与う』で次のように言っている。

> 「今日までのところでは私は自分の哲学に不満を感じないのみか、愈々理想主義に対する確信が増しつつある。理想主義は高遠な哲学である。然し高遠なるが故にこそ、我々の日常生活の隅々にまで浸透せしめなければならない。実に我々のあらゆる生活面にまで、漏らす所なき指導の原理となりうること、ここに理想主義の哲学としての特質がなければならない。」[39]

河合は、その生涯の最後まで理想主義哲学を正しいと確信し、その「高遠なる」哲学を力強く実践して行こうとしていた。それゆえに、その人生の過程で立ちはだかる対抗勢力や対立する主義に対しては勇猛果敢に論戦を挑んでいった。それが、理想と正義に殉ずる理想主義者の宿命であった。悲運にも河合は病魔に襲われ、中道で斃れてしまったが、戦後まで生き延びることができたならば、その活躍がいかほど期待されたことであろうか。

塩尻の場合も、ほぼ同じことが言える。塩尻は「人間らしい人間」になろうとして求道者（愛他的精神の豊かな人間になること）の道を歩んだ。その人生は主として自己との闘いであったが、社会改革に対しても無関心・無関係ではなかった。なぜなら真の求道者は、自と他の問題に無関心・無関係でいることは許されなかったからである。

求道者はまた、言行一致を求められる。とりわけ塩尻は言行一致を心がけ、自分で確かめて納得したことしか言わなかったし、言ったことは必ず実行した。例えば教え子の田村満穂氏は、塩尻を次のように描いている。

> 「先生は自分が体験し、自分で考え、そして自分で理解したことの他は一切口にされなかった。考えてみればこれほど自分に厳しいことはない。」[40]

ちなみにいえば、塩尻の人生論（感想文や随想文）のほとんどは、いわば塩尻自身が体験したテーマに関する自己の苦闘の赤裸々な経過記録と、自己が最終的に到達した結論についての記録ともいうべきものであった。そうであったからこそ、塩尻の人生論は同じ悩みに苦しんでいる人々に本当の意味での「生きる力」を与えたのであった。

言行一致は、塩尻の講義においてもそうであった。塩尻は、他の諸説の受け売り講義はしなかった。必ず自分が咀嚼し、納得した内容の講義をした。塩尻の大福帳講義原稿は、その証拠の１つであった。

塩尻の言行一致の行動を示した典型例は、『自と他の問題』の４つの原稿を空襲で校舎とともに焼失した時に取った行動であろう。少し長いが、当夜の彼の文章を引用しよう。

> 「原稿用紙にして６〜７百枚ばかりの此の１冊を…全財産を失ってもこれだけは助けねばならぬ、と思って行住坐臥に身のそばに置いた。然るに、昭和20年７月４日朝方の此の町に対する空襲は、此の大切な原稿を一片の灰燼としてしまったのである。…
> 学校の周囲が火に包まれたとき、自分は学校の重要書類が気になって事務室の中をひとりで右往左往していた。…そのうちに、最重要書類は夕方既に防空壕内に移してあったことに気づき、稍々気分が落ち着いた。それでもなお、自分の気付

いた限りの箱の中や棚の上の書類などを窓の外に投げ出した。最後に、自分の事務机の上に置いてあった、大切な原稿を収めたカバンに手がかかった。これを窓の外に、防空壕の方向に向かって投出そうとした瞬間に、『よせ、みっともない事をするな』と自分を叱咤する声が自分の裡にあった。『お前は平生、生徒達に向かって何を訓示しているか。殊に生徒主事になってからは、私を去る、ということがお前の一枚看板であった。何らの教育方針もない、実際的手腕もない、ただ私を去ること、そうして私を去った心境に於いて左すべきか右すべきかを決定しようとすること、これだけがせめてもの自分の心構えである、ということを教官の前でも生徒の前でも宣言したではないか。今此の大きな学校が燃えようとしているのに、まだお前は自分のことにこだわっている。此の原稿そのものの中に、私を去ることのみが自分の唯一の活路であることを主張しているのではないか。今此の最も重大な瞬間に、自分自身の言葉を実行し得ないとすれば、今後お前が何を言っても何を書いても全く意味のないことになるであろう』と、その声は恐ろしい声を以て言うのであった。自分はひとたび手をかけたカバンを離し、再びどっしりと机のまん中に置き直した。」[41]

塩尻にとって原稿の焼失は「愛児の死を惜しむ」に値する「悲しみ」であったが、「私を去る」という生き方の"踏み絵"において、塩尻は見事に合格することができたのであった。塩尻は学者である前に、正真正銘の求道者であることを証明したのであった。

次の引用は柿木健一郎の塩尻評であるが、適確な恩師像であると思われる。

「先生の書かれたものには苦悩と惑乱とに対する深い慰めと、惰眠から私達を愕然と呼び醒まし、人格成長の途に駆り立てずにおかない強い力とがある。…先生はまさしく額面通りのヒューマニストである。先生はまたリベラルな柔軟な心情とデモクラティックな精神とを見事に兼備した得がたい教授…（で あ）る。…デモクラシーといい、リベラリズムというも、それは先生にあっては単なる学問的立場を越えて生活の中に溶けこんだ生活信条そのものである。」[42]

viii 理想主義者・自由主義者

2人は、理想主義者・自由主義者として生きたということである。もっとも理想主義者・自由主義者として生きることは容易ではなく、現実の人間としては、その100％の生き方は不可能である。それはあくまでも理想である。また、

それでよいのである。ただ２人は、限りなく完全なる理想主義者、自由主義者（そして人格主義者・個人主義者）に近づこうと努力した。

河合は、猪木から「先生が決して静的な完成された所謂人格者ではなく、動的な、未完成な、ダイモン的な闘う人であった」[43]と指摘されている。また河合は或る時、自分の傍にいた国子夫人から、「あなたは、人格主義者に一番遠い人である」旨の酷評を下されている。しかし、それでよいのである。ただし河合の人格主義が如何なるものであったかについては、今後詳細に検討される必要があるように思われるが、ここではこれ以上触れないことにしよう。

塩尻の場合は、どうであったか。塩尻は求道者として生き、最終的には随喜の感情を獲得し得たと考えられるが、彼の求道についての随想文は、彼の求道の過程のほとんどが失敗の連続であったことを告白している。

塩尻が多くの人間の業と闘った人間であったことについては、40年間の長きにわたって彼の隣人であった奥宮延子が次のように描いている。

　「塩尻さんの高知上陸以来、先生の亡くなられるまで、思えば40年の長いお付き合いでした。あるときはがんぜない小児のようにわがままであり、あるときは血気盛んな青年のように向こう見ず、ある時は老成した学者のように冷徹で合理的な方でした。塩尻さんの中には終生、子供と青年と老人が同居していたように思えてなりません。彼の著作だけを読んでいる人の中には、まるで仏様のように聖くて無欲で没我的であるかのように想像している、いな信仰している人さえありますが、彼ほど人間らしく生き、彼ほど人間のもろもろの業と血みどろになって闘った人は珍しいのではありますまいか。」[44]

奥宮は、塩尻ほど人間らしく生き、人間のもろもろの業と血みどろになって闘った人は珍しいというのである。だが塩尻は、最終的には人生の勝利を掴んだようである。そのことは、衣笠浩江の次の文章が証明している。

　「先生の書かれた十数冊のエッセーの底を流れているもの、それは簡単に言えば、『一切のものを受取る』という生活態度であり、そのことによって人間は人格完成の中核的要素たる『愛他的能力』を伸長させ、真の幸福に近づき得る、という確固たる信念である。
　　先生のこの信念は、一見消極的にみえながら、人生との対決を通じて得られたも

ののみのもつ力強さがこもっている。私どもは、先生のような人間が現に生きている、そのことだけによって理想主義が机上の空論ではないことを信じ、また愛他的能力の成長を信じることができるのである。」[45]

衣笠の記述は、求道者塩尻が最終的に到達した随喜の境地を的確に言い当てていて妙である。

おそらく河合も塩尻も完全な人格主義者や理想主義者であったとは言えないであろうが、その主義と哲学とを至高の目的として生きようとしたという点で、また相当高い位置にまで近接した点において、尊敬に値する人物であった。

ix 未完成の思想体系

２人とも、独創的な思想体系の構築を企図したが、未完成のままに倒れたということである。

河合は、理想主義の思想体系をまとめようとしていた。河合の構想では、理想主義体系は全６巻になる予定であった[46]。しかしこの仕事は、覚書段階で終わったようである。木村は塩尻への手紙で、次のように書いている。

「最近はカント全集を全部読まれカントにいたく感心していられました。これをもととして『理想主義体系』をまとめるべく日夜刻苦勉励していられたのです。そのための覚書は実に厖大なものですが、これも今は悲しい遺稿となりました。『理想主義体系』がその一部分すら、まとまった形で残っていないことは返す返すも遺憾です。」[47]

この文面から推測する限り、河合の理想主義の思想体系が如何なる内容のものであったかについては窺い知れないようである。しかも、門下生やその後の研究者が河合の理想主義の思想体系を構築しようとする動きもないようである。その思想体系のヒントは、河合の『トマス・ヒル・グリーンの思想体系』の中に示されているのであろうか。

塩尻は、学生時代に精神的苦悩から学問に熱中できず、大学卒業後は就職もしないで５年間の放浪生活を経験していたために、研究生活に入ったのが

遅かった。さらに彼は、就職後もしばらくの間、依然として青年期の苦悩を未解決のままに抱えていたこともあり、生涯の研究テーマを決定するのが遅かった。その彼が最終的に決定した研究テーマは、"民主主義を基礎づける5つの基礎理論"を構築するというものであった。彼は57歳の時、自分の研究計画を次のように宣言している。

> 「私自身が今後の数年をあげて、私自身の政治思想体系を書きたいと思っている…。理想主義、自由主義、民主主義、民主社会主義の一条の金線をもって貫き、またいかに幼稚素朴なものにせよ、私自身の人間観、社会観、歴史観と道徳哲学、社会哲学とを背景とするところの、とにかく私自身でなくては書けないような政治思想体系を、何冊分かの書物として書きあげたい…。」[48]

しかし彼の研究計画に関する成果は、『民主主義の人間観』[49] 1冊のみで、後の4冊は未完のままに終わった（未完成の彼の『民主主義の道徳哲学（講義ノート）』は出版されたが、完成原稿ではない）。

塩尻の場合、その構成の大要は最初の訳書『ベンサムとコールリッヂ』の冒頭の優れた「訳者序文」[50]や『J. S. ミルの教育論』[51]の中で示唆されているように思われる。ただし塩尻の場合も、彼の構想を継承する研究者は現われていない。

今となっては、2人の思想を継承する人物が現われて、2人の企図した思想体系を構築してくれることを待つほかはない。

ともあれ、以上が（筆者が見たところの）2人の共通点である。

（3） 塩尻の人生の先達としての河合

i 河合の生き方を憧憬した塩尻

塩尻が河合を敬愛したのは、塩尻が河合と共通した人間的性格（個性）を有していたからであった。人間的性格（個性）と表現したが、もう少し正確に言えば、人間性の良さと同時に人間性の醜さ（欠点）をも込めての意味である。塩尻は常に、恩師河合の生きざま（人間性とその剛の生き方）に「人生の先達」を見て、彼を見本としながら自らの人生を生きた、否、生きようとした。その

ことは、塩尻の文章の其処かしこに河合の生き方に触れていることからも推測できる。

ⅱ　河合と距離をもった塩尻の生き方

しかし塩尻は、河合の生き方を無条件に讃美していない。むしろ塩尻は恩師河合を敬愛しながらも、河合とは常に一定の距離を持ちながら生きた。すなわち塩尻は、河合と同じような人間的特質（性格）を持ちながら、「剛の人」としての河合とは違った「剛」の生き方をした。

さて塩尻固有の「剛」の生き方とは、求道的（宗教的）生き方である。その生き方こそ塩尻の強烈な個性的生き方であったとともに、河合の他の門下生とも異質で固有な生き方であった。

そこで以下では、塩尻の強烈な個性とその生き方をつくりあげた彼の生い立ちと彼の求道の遍歴を検証していくことにする。

4　塩尻の求道と到達点―塩尻人格主義の真髄―

（1）天分と愛情の問題に悩む
　ⅰ　天分の欠乏に悩む

旧制一高時代の塩尻が設定していた野性的人間の2つの条件は、（学業成績において）「人に勝つこと」と「異性の心を得ること」であった。しかし彼は、それを獲得し得たと思った次の瞬間に、その2つを喪失することになった。

1つは、塩尻は読書を通して世の中に秀才の遙か上に天才と呼ばれる者が存在することを発見し、その天才たちと比すれば、秀才と呼ばれている自分などはまったくの凡人で、ほとんど何の価値もない存在であることを知ったことである。彼は次のように言う。

「高等学校にはいって色々の書物をあさり読むようになってから、世の中に天才と呼ばれる者のいることがわかった。自分はこれまで買い被（かいかぶ）られて秀才と呼ばれたこ

とがあるが、天才と呼ばれる者に比較するとき、その能力に於いても業績に於いて
も、凡てに対する無の如きものであることが理解されて来た。生まれ乍らにこれ程
の相違があって、如何なる努力を以てしても此の相違を埋めることが出来ないとい
うことは、勝他心の強い自分にとっては、解(と)くべからざる不合理のように思われた。
…立身出世などということは何の魅力もなかった。位人臣(くらいじんしん)を極めても、憐(あわ)れな平凡
人であるという事実はどうにも動かすことが出来ないからである。」[52]

　天才の存在を知った塩尻は、秀才程度では満足できなかった。天才でなけれ
ばならなかった。だが、そこから彼の苦悩が始まる。天分の不平等をどう克服
すべきか、どう解決すべきか。

　塩尻によれば、天賦の能力の不平等はあらゆる不平等の中で最も根本的な
ものであり、人間の力では排除することのできないものであった。天才と比べ
て、自分の頭の悪さ、才能の乏しさ、不器用さなどが、塩尻を悩ます最大で最
も深刻な問題の1つとなった。彼はこの時の心境を、

「天才は一切であって、凡人はゼロだ、という感情である。一流の天才たちに比較
して私はゼロであり、人類に対して何ら永続的なプラスを与えることはできない存
在だ、という劣等感である」[53]

と言い、さらに彼は、天分が乏しいという問題について、

「親も教師も友人先輩も其の他如何なる人とてもこれを解決して呉れるものはな
く、又如何なる種類の同情とても此の苦しみを和らげて呉れるものはない…。ただ
自分自身の人間が全く生まれ変わって全く別種の意識を持ち得るようになる他には
みちはない」[54]

という決断を下すに至った。塩尻は彼自身の目標が余りにも高く、天才や完璧
な人間になろうとしたために、却って自信を喪失し、劣等感にさいなまれ、自
己嫌悪に陥ったのであった。

ⅱ　愛情の問題に悩む

　次に塩尻は、愛して欲しい人に愛されないという悲劇（失恋）に直面する。
彼の愛した少女は、先に触れた義妹であった。だが彼は、彼女の心を得ること

ができなかった。彼は、この悲劇をつぎのように回顧している。

「悲劇の出生は…自分が高等学校に入学した当座の頃に遡る。自分が彼女に会わなかったなら、自分の一生はまるで別のものであったろう。コンディションは最も意地悪く悪魔の巧んだような巧さに出来上がっていた。…かの牧歌的な感情は、自分の場合…激しい現実的な残酷な失望と変わった。更に世の男達の心の醜さ、また女の心の醜さ、凡て人間社会なるものの実相の醜さ、最後に自分自身の心の底知れぬ醜さを次第に自覚して来たことは、必然的に自分の愛欲にも次第に醜い複雑さを加え、同時に幾多の変態的な精神的痼疾を造ったのである。」[55]
「相手の心さえ変わって呉れれば万事は解決するように見えるが、そのことは相手にとっても生まれ変わって来ない限りは出来ない相談なのである。此の苦しみに依って、自分は初めて、他人の心が、小さな少女の感情ですらが、自分の命をかけての熱望を以てしても自分の思い通りには動かぬものであることを知り、鉄の如く固く冷たく曲げ難い運命の力にふれたような気がした。」[56]

塩尻は、少女の心を変えられないことを承知しながらも、自分自身の心を統御できなくて苦しんだ。

それは、塩尻の2つ目の決定的な挫折であった。

失恋の苦しみは、塩尻の生まれつきの一元論的性格、すなわち「一生に唯一度唯一人の人に」というゾルレンによって増幅した。彼はこの失恋の後遺症で、生涯にわたって苦悶することになる。

天分と愛情の問題で大きな壁にぶち当たった塩尻は、その当時の心境を「人生の出発点に於いて既に此の2つの問題に突き当たらなくてはならなかった自分は、よくよく業の深い者というべきであろうか。最早普通人の普通の精神生活は自分には期待し得べくもなかった」[57]と記すに至る。

塩尻は1922年3月に一高を卒業し、9月に東京帝国大学法学部政治学科に入学するが、すでにその時、人間の根源的な業の問題に悩み、もはや「官吏を経て政治家へ」という立身出世主義的なコースを完全に放棄していた。彼は大学さえ辞めようと何度も思ったが、その都度思い返して大学に留まり、卒業だけはすることにした。後に塩尻は大学生活を回顧して、「法学部的の勉強をおろそかにすると共に、自らの好んだ種類の勉強の方も深入りせず、浪費、荒廃そのもののような大学生活を送った」[58]と、悔恨の文章を書いている。実際、

大学時代を通して彼の精神的危機は解消されるどころか、ますます深淵に沈潜していくという状態であった。彼は卒業を迎えても就職する気もなく、また、できるような精神的状態でもなかった。

（2） 刀葉林地獄を超えて「受取るの一手」へ
ⅰ　一燈園に入園

　1925年3月に東京帝国大学を卒業した塩尻は、直ちに京都市山科区にある西田天香主宰の一燈園に入った。一燈園の生活は、「無所有の生活に甘んじ、凡ゆる時間を他人の為に、また他人の希望する仕事の為に、捧げるところの生活」[59] であった。

　塩尻の一燈園入園の動機は、天分と愛情の問題、愛他的能力・利他心の獲得の問題等々を解決するためには「随喜の感情を育成」する必要があり、自らをその境遇に投げ入れたというものであった[60]。

　さて一燈園における生活体験は、彼自身が覚悟していたよりも厳しかった。托鉢の生活では、請われた家々を訪問して慣れない種類の作業にも従事しなければならなかった。不器用な塩尻には苦手な作業が多々あった。しかしそうした生活の中で、塩尻は時折、ある程度の随喜の感情を得たような手応えを感じるようになった。

ⅱ　求道心なき自己を自覚

　だが塩尻が言うところの随喜の感情や大我的感情なるものの確実な体得は、容易ではなかった。一燈園の生活を継続する中で、彼は「自己の求道的実力」がどの程度のものであるかを徐々に自覚するようになり、遂に次のように告白する。

> 「自分は恰も現実に大我的感情を活かし得たかの如くに錯覚した。…自分の所謂大我的感情とは、如何に我が儘な利己的なものであったことか。真実の大我的感情は、此の如く他を愛するが故に、子の幸福が自然に親の幸福となり得るが如くに、他人の凡てのプラスが自然に自己のものとなるに過ぎない。自分の所謂大我的感情は、自己のマイナスを補塡せんがために、強いて他人のプラスを掠奪し来らんと

する瘦せ細った大我的感情であった。他人に対する自分の感情は如何に乾燥しているものであるか。」[61]

塩尻は、錯覚で大我的感情を得たと考えていた自分、他人に対して瘦せ細った乾燥した感情しか持ち得ていない自分を知って、改めて慙愧の念に苛まれる。それは、大我的感情を獲得し得ていない塩尻の敗北宣言でもあった[62]。

iii 一燈園を去る

塩尻にとって一燈園での生活の実験は随喜の心を磨くことであったが、現実は、自分自身の内にいよいよ根深い利己心が強固に存在することを発見するだけに終わった。「(自分には) 真に利他的・随喜的人間となりうる見込みはどこにもない」[63]と思い知った塩尻は、約2カ年半で一燈園の生活から離れる決心をする。

この挫折は、彼の苦悩が未解決のままに残されたことを意味した。彼の苦闘はその後も続くことになる。

iv 越後曽根村での百姓生活と読書三昧

塩尻が大阪での生活を整理して母と赴いた先は、越後曽根村であった。越後曽根村に行ったのは、塩尻と母とが尊敬する親鸞が流された越後で求道生活に浸ろうと考えたことも一因であろうが、塩尻の記述によれば、彼の一高時代からの親友苅部一衛が肺結核を患い、東大を中退して帰郷し療養生活を送っていたのを頼って行った、ということであった。

塩尻母子は初め苅部宅に寄宿したが、間もなく苅部家の近くの三番町村田酒屋の借家に移った。ここで彼は読書三昧の日々を送りながら、時折、苅部家の百姓仕事を手伝った。塩尻の読書三昧の生活は、自己の時間の少しもなかった一燈園生活の反動でもあった。

塩尻の読書の対象は、トルストイ全集、道元の『正法眼蔵』と『正法眼蔵随聞記』、親鸞の『教行信証』と『歎異抄』のほか、多方面にわたった。公明がすこぶる博識だったのは、彼が生涯にわたって多種多様な分野の本を読み漁

り、その内容を吸収してしまう猛烈な読書家であったからでもあった。

塩尻の越後での生活は、表面だけ見れば、毎日が晴耕雨読の生活に見えていたが、実際はのどかなものではなく、彼の心中では、「真に利他的・随喜的人間となりたい」という願望とそれを実行し得ない自己への叱責、愛欲の苦悩を克服し切れない自己への怒りなどが渦巻いていた[64)]。

ⅴ 越後から大阪に戻る

越後での生活が1年半ばかり過ぎた頃、塩尻母子はそこでの生活を切り上げる決断をする。その理由としては、①塩尻は学僧のような生活を1年半ばかり送ったが、未だ求めていた随喜の感覚を得ることができなかったこと、②苅部が健康を取り戻し、医学を学ぶために1929年3月に上京したこと、③経済不況が一段と深刻になり、農村の困窮が著しく進行したこと、④母の尊敬する蜂屋賢喜代師から帰阪の勧めがあったこと、などがあげられる[65)]。

こうして2人は、1929年6月に大阪に戻ることになった。またしても、挫折のままの帰阪であった。

ⅵ 順正寺で坐禅する

大阪に戻った塩尻は、大阪市郊外の北轟木にあった順正寺に籠る。順正寺を選んだのは、彼の長姉の次男・新林晃一(公明の甥)が同寺で修業していたからである。ここで塩尻は、昼夜、坐禅の修行に励む。塩尻は、坐禅に励んだ目的を次のように書いている。

> 「随喜の感覚を手に入れることに失敗してのち、私はまったく新しい方法をこころみることになった。それは一行三昧(精神集中のこと、一時には一事に没頭すること)といい、没入といってもよい方法(坐禅による方法)によって、一条の活路を見出そうとすることであった。…このようにして、これまではただ頭の上だけの禅にかんする机上の読書をやめて、いまや実地に身をもってすわってみることになった。」[66)]

挫折続きの彼には、坐禅による方法こそが随喜の感覚を獲得できる最後の道と思われた。案の定、坐禅による没入の体験は彼に効能をもたらした。彼は次のように書くに至る。

> 「自分は坐禅の実際の如何なるものであるかを未だ知らないのであったが、恰も自分自身の現状が、今一度決死の勇気を振ってどうにか処置しなければ生きて行けない窮迫した立場にあった。そしてともかく一週間の間、早朝から深更に至る迄只管坐り通して煩悩と戦うという、其の精進の姿に自分の必要としているものを見出したので、喜んで親切な勧誘に従うことにした。…然し乍ら、無思惟の世界の匂いを微かに嗅いだばかりであるのに、自分の実生活の各方面に及ぼされた効果はまことに顕著である。…自分は坐禅を始めて以来、日常生活の中に於いても時々彼女を忘れることが出来るようになった。」[67]

塩尻は坐禅によって、幾年にもわたって一刻も頭をはなれることのなかった脅迫観念を、瞬間的にであれ抹殺することができた。坐禅の効能を体験した彼は、それ以降、坐禅を生活の一部に位置づけていくことになる。31歳の時に書いた「没入の効能」で、彼は次のように書いている。

> 「信仰というものとは凡そ縁遠き存在と見える自分が、ただ１つの信仰のみはこれを無意識裡の前提として来ていたことが反省される。即ち、坐禅より涅槃に至る途が如何に遠くあろうとも、例えば道元の『賢愚利鈍を論ぜず坐禅すれば自然によくなる』ということのみは、何時の間にか確く信じているのである。目に見ゆる効果は毫も獲得され得ないにも拘わらず、如何に多忙なるときにも、坐禅することのみは時間の損失とは感じられないのである。また、途半ばにして命終るときにも、無駄の営みとならないものは、坐禅の道のみであることが感じられ、坐禅の道に一歩を進めることは、それだけ確実に自他を益するものであるということが、確信されているのである。」[68]

その翌年に書いた「中道に斃れんとする虚栄心」においても、坐禅すなわち「一四の原則」（毎日１時間の坐禅と４時間の勉強）への信仰をますます強化していく。

> 「日本一の無識怠惰な教師が、ともかくも３年の年月を経る間に、一四の原則を打立て得るだけの所に進んだのではないか。…今や自分は、学問も求道も自分の運命

の一切を一四の原則に任せて、最早他の何事をも考える必要はないのだ。」[69]

時代が下がるが、塩尻が46歳の時に書いた「書斎の生活について」でも、坐禅の効果には目覚ましいものがあると述べている。坐禅の効用に確かな自信を持っていることが窺(うかが)える。

> 「自分は長年の間、天分の問題と愛欲の問題との他には宇宙間に心から関心を寄せる問題は何一つないという気違いじみた心的状態にあった…。この難問を解決するためには、自分は外から厳格な形式的な生活規則を自己に強制することに依って、精神の改造を断行しなくてはならなかった。自ら一四の原則と名づけて、毎日少なくとも1時間の坐禅と4時間の勉強とは、どんなに大儀であってもどんな故障があっても最少限度の日課として必ず果さなくてはならないことにした。…そしてともかくもその時以来十数年の間を、此の原則をもち続けて来たのであった。…
> 　然し乍ら、一四の原則の効果は、少なくとも自分にとっては、確かに目覚ましいものでありまた感謝に値するものであった。…今日の自分は学問に対して限りない興味を抱いている。自分のこれ迄の生涯に於いて、今日程勉強に対する興味と気力との2つ乍ら強盛(きょうせい)であったときは物心ついて以来一度も覚えがなかった気がするのである。」[70]

vii 受取るの一手

坐禅の効用を体得した塩尻は、やがて坐禅を超えて彼独自の境地に到達するに至る。それは、坐禅の効用は疑い得ないとしても、自分の実力では「受け取る」という生活態度の方が自分自身にはよりふさわしい方法であるというものである。彼は次のように書いている。

> 「坐禅の与える初歩の効能だけでも自分にとっては相当にありがたいものがあった（が）…、心頭滅却すれば火もまた涼しいというような精神力は、自分の実力では到底企及することが出来ないように思われ、また必ずしも企及する必要もないように思われた。坐禅を以てしても処理することに困難な種類の苦痛については、苦痛そのものをすなおに受取り之に没頭しようとすることの方が、むしろ自分にはふさわしい方法と感じられた。」[71]

坐禅の効用を超えて塩尻が最終的に辿りついた独創的な方法は「苦痛そのものをすなおに受取り之に没頭」すること、言い換えれば「受取るの一手」また

は「すべてよく受取る」という生活態度であった[72]。

viii 他力本願の求道者

30年近くにわたる艱難辛苦(かんなんしんく)を乗り越えて、塩尻は「受取るの一手」(塩尻は「生活的真理に触れる」「宇宙の運行に委ねる」とも表現した。)という安心立命の境地に到達した。「河合教授の想い出」を書いたころの塩尻は丁度47〜48歳ごろで、その頃の彼は、学究的教育者でもあったが、より正確に言えば、親鸞教に帰依した他力本願の求道者でもあった。

(3) 塩尻の求道生活の総括

i 塩尻の求道の遍歴

他力本願の求道者としての塩尻の遍歴と彼の思想とを簡潔にまとめることは、実は至難の作業である。そのことを承知しながら、以下では、敢えてそのまとめをすることにしたい。

まず塩尻の人生を概括してみよう。塩尻は、旧制一高時代に天分と愛情の問題に悩み始め、「人間が生きる意味は何か」(人間は、何ゆえに生きるか)を追求し続けた。求道者として(真に人間らしい人間になろうとして)生きようとした塩尻は、世の秀才たちの学問的業績の小さいことを痛感し、立身出世主義、社会的地位と名誉、世俗的欲望に拘泥する生き方を拒否し、自分流の生き方で人間らしい人間の生き方(愛他的・利他的に生きる生き方)を実践し、その手応えを実証しようとした。この意味で、塩尻は単なる学者であることを超えて、求道者・学究的教育者としてその生涯を生きた。

改めて塩尻の求道の遍歴を10年刻みにまとめると、次のようになろう。

① 一高時代には自分の能力の貧しさに悩む。それでも出来る限りのベストは尽くさねばならないと考え、やがて「与えられたものを受けよ、与えられたものを活かせ」という言葉に行き着いた。

② 20代前半には一燈園修業をし、後半には坐禅に励む。没入によって、根本的に人間の改造と人格の成長が可能になると考え、道元の言葉「坐禅すれば自然によくなる」を自分自身に言いきかせる言葉とした。

③　30代初期からは、「一四の原則」（毎日、1時間の坐禅と4時間の学問の実行）を自らに課し、修業と学問の統一を図る精進を重ね、雑念を払拭しようと努力した。

④　30代の終わり頃からは、「没入」の心構えよりも「受取る」という心構えの方が広範で根柢が深く、いかに弱体未熟の人にも実証可能な心構えであることを感得するようになり、「受取るの一手あるのみ」という独自の境地に到達した。

⑤　50代には念仏を習慣とし、生活的真理（又は宗教的真理）に触れる、と言った[73]。

ⅱ　人生最高の生甲斐

塩尻は、求道を通して人間の生きる意味を問うた。その結果、彼が行き着いたところの人生最高の生甲斐の条件は、次のようなものであった。

> 「人生最高の生甲斐は、いかなる才能、容貌、地位、職業、境遇の人々にも、万人平等に獲得できるということである。否、逆に万人平等にかち得るようなものの中にでなければ、人生最高の生甲斐はありうるはずはないのである。」[74]

それでは、それに合致する人生最高の生甲斐とは何か。それに対して塩尻は、平凡な言葉で、すべての人々が幸福になること、幸福に生きることである、と言い切った。ただし彼は、幸福の中味を慎重に吟味することが大切である、と付け加えることを忘れなかった。

塩尻にとって「幸福な人間になること」と「人間らしい人間になること」とは、表現は違っても、二にして一なることを意味していた。しかも塩尻は、「幸福な人間になること」と「人間らしい人間になること」は万人に平等に開かれているというのである。

ⅲ　人格完成の中核的要素

塩尻は、「幸福な人間になること」と「人間らしい人間になること」を「人格の完成した人間になること」であるとも表現した。

塩尻のいう「人格の完成した人間」とは、人間諸能力の最大限かつ調和的に伸長された人間、または他面的に完成した人間を意味したが、その核心は、「人格完成の中核的要素は、愛他的精神（利他心）の豊かなる伸長にある」ということであった。それゆえに塩尻が「人間らしい人間」として最も高く評価した人は、他を心から愛する人（豊かな利他心＝愛他的能力を持った人）であった。このことを塩尻は、次のように言っている。

　　「最高の生甲斐の実態を最も平凡な最もありふれた言葉を以て強いて言い現わしてみれば…人間らしい人間となることであり、特に他を愛しうるような人間となりうることである」75)
　　「我々は真に幸福となるためにはよき人間即ち人格完成せる人間とならねばならぬ。然るに人格完成の中核要素は己自身の如くに他の一切を愛しうる心情であるから、我々が真に幸福となるためにはよく愛しうる得る人間とならねばならない。
　　然るに人は一般に、このままでは無条件に他を愛しうるだけの力をもつことは出来ない。自からが無条件に愛され且つ一切の苦悩から救済せられ得るという保障があることに依ってのみ辛うじて他を愛しうるにすぎない。故に親鸞の如くに、『五劫思惟の願はひとえに親鸞一人がためなり』という自覚―人間と社会と歴史と自然との一切の構造のうちに、また凡そ宇宙に起り来る一切の事件のうちに、自分を真実の人間に、従ってまた真実の幸福者に育成せずにはやまない大慈悲なる作用が浸透しているものであるという自覚―に到達することに依ってのみ、ようやく他を愛することが可能となる。たとい自分がこの地上に於て文字通りの人格完成を実現し得ないとしても人格完成への必然の不退転の途上にある存在であることを感受し得るなら、人格完成に依って獲得し得る筈の幸福を予め獲得することができると云ってよい。如何なる不幸と苦痛との中にも尚根本に於て幸福の実質を確保していることができる。」76)

　また塩尻は、「人格完成の中核的要素は、愛他的精神（利他心）の豊かなる伸長にある」として、利己心の絶滅と利他心（愛他的精神）の伸長こそ人格完成の最重要条件であると主張する。

　　「人格の完成とはとりも直さず利己心の絶滅という一面をもっているのである。利他心の完成と知的美的行動的諸能力の完成さえあるならば、即ち所謂人格の完成さえあるならば利己心はかけら程も必要でないのである。」77)
　　「我々は真に他を愛しうる人間となるなら、何故と問わずして生甲斐を感じうるで

あろう。」[78]
「人生最高の幸福は、心から他によって愛されること、あるいは心から他を愛しうることのなかにのみあるからである。」[79]

つまり塩尻の命題によれば、万人に平等に開かれているもの、しかも万人にとって最高に価値あるものは、愛他的精神（利他心）である、というのである。

iv　幸福になるには「よく受取る」こと

それでは、随喜の感情を獲得したり、人格完成の中核的要素である愛他的精神を豊かに伸長したりするための最高で最も確実な方法は何か。これに対して塩尻は、それは起こり来るすべてを素直に「よく受取る」こと（受取るの一手）である、と断言する。さらに彼は、「受取る」ことは誰にでもできる生活法であること、もし「受取る」ことが100％できなければ60％、否、30％でもというのが真に健全な道徳的態度である、と教える。彼は次のように言っている。

> 「自分には、自分がここ数年の間、しばしば口にしてきた『自己の受取るべきものを素直によく受取ってゆく』という心構え、この心構えを百たび、千たび、否、幾万たびも新たにして、内外の一切の問題と苦渋とに対処してゆくことは、上のような必然性に対する信頼をいつの間にか自然のうちに手に入れることのできる、しかもいかなる人にもただ今の瞬間から実行可能であるところの、最も確かな方法論であると信じられるのである。」[80]

> 「結局自分の到達したところは、よく受取るということが最上の方法であるというところにあったのである。今にして思えば、受取る態度を真に手に入れるための最も確実なる方法は、ただの一度でもよい、自ら進んでよく受取ろうと試みてみることであり、受取ることを実践してみることである。目前の義務を、対話を、食事を、休息を、また最も厭わしき悲痛を、よく受取ってまっしぐらにそれに没入してみることである。…然もそれは何の信仰も前提も必要ではなくて何人にもただ今の瞬間から出来ることなのである。」[81]

> 「受取ると云えばきわめて消極的に聞こえるが、実は最もまともな、勇敢な、しかも誰にでも出来る生活法なのである。なにものにも背を見せず、逃げかくれせぬ故に勇敢である。いかなる信仰をも理論をも必要とせず、一切の経験をただ受取るというだけなのであるから、何人にとっても唯今の瞬間から出来るやさしいことなのである。」[82]

v　宗教的真理に触れること

　50代になった塩尻がよく口にしたのが「宗教的真理に触れる」「宗教的真理は万能である」という言葉であった。例えば彼は、次のように言っている。

>　「人間としての成長、完成と、人間としての最高の幸福の達成とは二にして一であること、人間的感性の中核的要素は愛他的能力（他の凡ての個人に対し、また社会全体に対する）の完成であり、また人間最高の幸福は他を愛しうる心の中にあること、その愛他的能力を伸長するためには万人に妥当する具体的方法論が存在していること、人生と自然との一切の存在と事件とは、人間としての成長、従ってまた愛他的能力の伸長を促進するように、換言すれば人間としての最高の幸福の達成を必然的ならしめるように、各人一人一人を囲繞(いじょう)して協力しつつあること、換言すれば各人一人一人が宇宙の中心にあって、全宇宙によって愛されていること、またこういう事実を体感することによって各自のうちにある愛他的能力はすくすくと成長し得るに至ること、凡そそれらのことを示すものが宗教的真理である。」[83]

　塩尻が「宗教的真理に触れる」ということを口にしたのは、宗教的真理に触れることによって、「よく受取る」態度ができるということである。従って「宗教的真理に触れる」と「よく受取る」は、二にして一のことを言ったものに他ならない。

　ただし筆者には、「宗教的真理に触れる」という言葉の方が、「よく受取る」または「受取るの一手」というよりもさらに高次の意味合いがあるように思われる。というのは、「宗教的真理に触れる」という境地には、すべて宗教的真理にまかせておけばいい、そのままにうち任せるのがよろしい、人間は生まれながらにすでに仏によって守られている、という他力本願の窮極的境地（現状肯定感と安心立命感と）があるように思われるからである。

5　塩尻から見た河合の生き方

本節では、塩尻が河合の生き方をどのように見ていたか、また、どのように評価していたかについて見ていく。

（1）　河合を高く評価した点
i　主義主張に生きた河合

第1に、塩尻が河合を評価していたのは、主義主張に生き、主義主張に殉じた河合の強い生き方であった。河合門下の山田文雄は、「先生の思い出」で次のように書いている。

> 「1つの主義信念の為に生命を棄てても闘った…稀有な例を我が河合栄治郎先生に見出すことが出来るのである。先生は誠に主義の人であった。信念の人であった。信念に生き信念に死した方であった。」[84]

この点については、塩尻の評価もまったく同じであった。例えば塩尻は、戦争中において河合がその自由主義思想を貫いた立派さについて、次のように書いている。

> 「今度の戦争中に…最も強く生き残っている感激は、戦争のまっただ中に於て先生を中心に行われていた研究会の席上で、忌憚なき先生の言論を聞いていて目のさめる思いを味わったという事実である。一世を挙げて或は良心的に或は曲学阿世的に、反自由主義的色彩に染まり込んでいた時に、先生のみは、いま少し位は変ってもよかろうと思われる程に、少しも思想が変らなかった。自分が思わず目をみはった程に、それは変らなかった。純乎たる自由主義的社会思想を展開して少しもはばかれなかった。確かにこの世の中に、時流に拘らず自己の思想を確守する人は少なくとも1人はあるということを自分は心から信ずることが出来た。」[85]

すなわち塩尻は、太平洋戦争下の言論統制の真っただ中においてさえ、自らの主義主張を確守し、その主義主張に殉じた河合の毅然たる生き方と姿勢とを高く評価していたのであった。

その塩尻も、戦争中は彼なりに時流に流されることなく誠実に生きようとしたが、その場合、彼が常に手本としていたのは恩師河合の自由主義的な思想とその不動の生き方とであった。

ii よく勉強した河合

第2に、塩尻が河合を高く評価していたのは、河合がよく勉強したことであった。河合の猛勉強ぶりについて身近にいた先の山田文雄は、次のように書いている。

> 「先生は学者として文字通り寸暇を惜しんで勉強された。殊に大学を辞せられてからその勉強は以前に倍して更に猛烈なものとなった。大学に居られた頃は講義の準備、学生との応接或は又大学や学部の事務で貴重な時間を相当割かれた。併し大学を辞められてからはこうした束縛から脱して、一意自己の学問の精進と思想体系の完成に没頭された。1日12時間乃至18時間と云うものを読書と思索に費やされたと聞いては、その精力に驚くと共に、その学徒としての精進振りに唯々頭が下るばかりである。先生が永年続けられた週末の箱根行も、決して他人の場合の様な保養とか休養とかの意味ではなく、学問研究の能率を挙げる為のものであった。だから箱根での先生の日課は、1日2～3回の入浴と数十分の散歩と3度の食事の時間の他は、凡て机に向って過ごされたのである。」[86]

塩尻も、河合の勉強ぶりについて、「読書は1日に12時間位、カント全集を何回目かに通読されて新カント派に移り、2～3日目毎に1冊のドイツ原書を上げられていたそうである」[87]とか、「1日十時間以上の勉強を続けられたその最近の数年間の勉強の量だけから考えても、普通人の十数年或はそれ以上の勉強の量に匹敵するであろう」[88]と書いている。

塩尻自身の猛勉強ぶりも驚異的であったが、それは学生時代からの河合の厳しい指導とその後の河合の猛勉強とに刺戟され、影響されたところがあったに違いない。塩尻の場合、しばしば週末に旅館や寺に籠って勉強したり執筆したりしたが、これも河合の週末の箱根籠りを見習ったものと思われる。勉強と研究のスタイルにおいて、塩尻は河合のそれを真似ていたのである。

iii 多くの仕事を残した河合

　第3点は、塩尻が多くの仕事（研究業績）を残した河合を高く評価していることである。塩尻は、河合が成し遂げた仕事を次のように書いている。

> 「先生は54歳の若さで亡くなられたが、70、80迄生きている人間でも、これは滅多に得られる幸福ではないのである。勉強のできること自体が幸福であるが、先生はその上に沢山の仕事を残された。生前に出版されたものだけでも普通に長生きした人々を瞠若（どうじゃく）たらしめる程の分量であるが、その他に原稿の形のままで残されている、ドイツ社会民主党に関する研究や、マルクス学説体系に関する研究や、また数多くの感想録読書録の類や生涯の仕事とされていた理想主義体系に関する奇想的材料など実に厖大な量の仕事が残されている。」[89]

　河合が生前中に出版した単著に限って言えば、約20点（日本評論社ほか）に及ぶ。しかし、彼の逝去後に13冊（日本評論社ほか）が出版され、さらに『河合栄治郎選集』（全10巻、日本評論社）、さらに『河合栄治郎全集』（全13巻、現代教養文庫、社会思想研究会出版部）と続く。決定版は『河合栄治郎全集』（全24巻、A5判、社会思想社）である。著作数を見る限り、河合は多くの著作を残した学者であった。

　塩尻の場合、最初の著作の発表は30代末頃からと遅かったが、40代以降は、コンスタントに毎年1冊以上の単著を出版するという調子で、最終的には単著25冊、編著3冊、訳書2冊を数えた。これらに未発表の日記類などを加えると、塩尻の仕事は河合に優るとも劣らない厖大な量になるのではないかと思われる。もっとも塩尻の場合、政治学の専門書がやや少なく（例えば『J. S. ミルの教育論』、『イギリスの功利主義』、『人格主義と社会主義』、『民主主義の人間観』、訳書『ベンサムとコールリッヂ』、『自由論』）、随想文・感想文から構成される人生論が多いところに特色がある。しかし彼の人生論の各々には、類書とは比較にならないほど高雅な人格主義的思想と深奥な学問的な研究蓄積とが込められている。

　ただし河合も塩尻も、猛勉強が2人の寿命を縮め、死期を早める原因となったことは、先にも触れた通りである。しかしながら2人の一生を顧みるとき、塩尻自身も書いているように、「人の一生の意義と内容とは年齢の長さには依

らない」[90] ということが痛感させられる。

iv　全面的な学徒としての河合

第4点は、塩尻は河合が全面的な学徒であったことを高く評価していることである。この点について塩尻は、次のように書いている。

> 「先生は、単なる社会科学の学徒であるに止まらず哲学の学徒であり又思想体系の持ち主であった。自分の知る限りでは我が国に先生のような全面的な学徒は極めて稀であったと思う。」[91]

塩尻は河合を哲学者・経済学者・法律学者として、また社会問題や時事問題や人生問題について独自の意見をてきぱきと展開することができた稀な学徒であったと評価しているのである。

塩尻が学徒の条件として強調したことは、学徒は1つの専門を持つと同時に思想体系の持ち主でなければならないということであった。この点で河合は、塩尻の考える理想的な学徒のひとりであった。

v　偉大な教師としての河合

第5点は、塩尻は河合を偉大な教師であったと高く評していることである。塩尻は「河合教授と手近の理想主義」で、河合も自分も教師であるが、河合の教師としての偉大さを次のように書いている。

> 「真の教師は弟子によって超克されることを喜びとするものであるというが、しかし優れた教師は、生まれかわってでもこない限り逆立ちしてもおよばない、と弟子たちに思い知らせるような長所をどこかにもっているものではないであろうか。私にとって河合先生はそういう先生であったと痛感する…。」[92]

塩尻は、河合は自分には「逆立ちしてもおよばない」ところの「優れた教師」であった、と最高級の評価をしている。

塩尻の場合、彼は、元々教師になるつもりはなく、たまたま河合に紹介された職業が教師であったので、教師になっただけであった。その意味で、彼に

とって教職はいわば求道のための手段、生活の糧を得るために方便であった。しかし生来、真面目な塩尻はすぐさまよき教師としての力量を発揮するようになり、やがて彼自身、教職を天職であるとまで感じるに至った。この間、塩尻が模範としたのが恩師の河合であった。おそらく塩尻は、河合のよき点を素直に学び、河合の欠点を反面教師として学ぶというように、常に河合を自己鞭撻と自己成長の目標としたと考えられる。

vi 類まれな人格としての河合

第6点は、塩尻が河合を類まれな人格として高く評価していたことである。例えば塩尻は、「河合先生の思い出」で次のように言っている。

> 「だが河合先生が、私にとって最も貴重な感化力の源泉としてはたらくのは、とくに次の点にあると思われる。先生は、内的教養の豊かさを求める熾烈な追求力と、社会改革にたいする逞しい関心と実践的熱情との、この2つの面をかね備えている人間の典型ともいうべき人物であった。」[93]

また塩尻は、ほぼ同旨のことを「河合教授と手近の理想主義」でも書いている。引用しよう。

> 「私どもから見ると、河合教授はじつに類まれな人格であったと思わざるをえない。一面において内面的な魂の成長に対する深い関心があると共に、他面において社会問題に対する熾烈な関心がある。一面において上のような根本的な信頼感をもちながら、他面においてあくことのない改革的実践的意欲がある。」[94]

塩尻によれば、人格の完成のためには、人間は大別して対自的諸能力の成長と対社会的諸能力の成長とが必要であるが、河合はその事実を理解していて、その両面の成長を心がけていたということである。それゆえに塩尻は、上述のような河合の人格成長についての理解と彼自身の人格完成への努力精進とを高く評価したということである。

ただしここで注意すべきことは、塩尻が河合を「類まれな人格」とは記しているが、河合を「類まれな人格者」であったとは記していないということである。塩尻が言っていることは、河合が一面において内面的な魂の成長に対する

深い関心と、他面において社会問題に対して強い関心があり、飽くことのない社会改革的実践的意欲とを持っていたということである。そのことと、河合がどこまで人格の完成の条件を満たしていたかは別の問題である。この問題については、後でもう一度触れることにしたい。

(2) 塩尻の河合批判

　塩尻は、河合の生き方を一方的に讃美ばかりしていない。むしろ塩尻は、自分と同じような人間的特質（性格）を持つ恩師河合を敬愛しながらも、河合とは常に一定の距離を持ちながら生きた。

　もっとも人格主義者の塩尻は、尊敬する唯一の恩師である河合の生き方を高く評価こそすれ、河合を真正面から批判するような書き方をしていない。河合の死後に執筆した「河合先生の想い出」以後の一連の河合論でも、河合の生き方に敬意を払い、河合の生き方を温かく抱擁するような書き方をしている。この点で塩尻の河合論は、木村健康や猪木正道らの河合論と、その良し悪しは別にして、明らかに異なっている。

　そこで筆者は、塩尻が河合について書いていることよりも、書いていないこと、敢えて触れていないことにも注目して、塩尻の河合批判（批評又は疑問）を整理してみることにしたい。

ｉ　河合のエリート主義批判

　河合は、自分が学力優秀であったこともあって、自分自身を学問的エリートと自任し、エリート主義的生き方を貫いた（貫こうとした）。彼のエリート主義を示す事例としては、幾つか指摘できる。

　1つは、彼は東大に地位（助教授職）を得るや、講師として兼担した一高で早速、読書会を組織したが、その結成に当たっては意識的に優秀な学生たちを選んだ。成績優秀な塩尻が選ばれたのは、河合の指名があったようである。

　2つは、当時（も今も）、東京帝国大学経済学部の学生たちは学力的にはすこぶる優秀であったと思われるが、河合は、その学生たちの中でも優秀な学生たちをゼミ生として選び、厳しく指導した。学問的に厳しい指導をするか否かは

教授個々人の個性と特性とにもよるので、大きな問題ではないが、河合の場合、学生たちや門下生を囲い込む意識が強かったこと、また強き者・有能と自負する者を好み、弱き者・有能でない者を嫌うことがやや顕著であった。従って河合を慕う学生たちもいたが、河合の指導を受けながらも、河合から去って行ったり離れて行ったりした学生たちも多かった（その典型例が、河合が期待し愛情を込めて指導した門下生たちが、大学辞職を撤回して復職した事件であった）。

　3つは、河合のエリート主義が、彼に派閥的行動や政治家的言動を取らしめたようにも思われたことである。河合はその頑固な気性、強い負けん気的性格から、人を敵・味方に色分けする傾向が強く、ひいては学生指導においても（人間関係においても）好き嫌いが激しかったようである。これは、河合の強烈な性格にも由来しているが、彼が河合学派を組織し、その首領として学派を統率していこうとしたためのマイナスの側面であったのでないか。

　4つは、彼が論壇の花形として先鋭的で洞察力のある論陣を張り、政府や軍部を痛烈に批判したことはいくら高く評価してもし過ぎることはない。だが一方で、彼がその著作の対象としたのは、当時の社会において恵まれた階層であった学生たちであった。その意味で、彼はあくまでも東京帝国大学教授であり、その対象は社会的には恵まれた一部のエリート学生たちであった。

　例えば河合は、一連の学生叢書や『学生に与う』によって、学生たちに高遠な理想（主義）と noblesse oblige（注・高い身分に伴う義務、名誉を重んじること、善意を尽くすこと）を説いた。それによって彼は、確かに多数の学生たちの魂に火をつけた。その功績は大きく、決して過小評価すべきではない。しかし彼が対象としたのは社会の中・上層部の恵まれたごく一部の学生たちであって、絶対多数を占めていた同世代の若者たち、社会の下層で働いていた若者たちではなかった。

　以上の点で、塩尻は河合とは違っていた。もちろん塩尻は田舎の旧制高等学校の教授であり、戦後は新制大学の教授であったので、旧制の東京帝国大学の教授であった河合とは、社会的立場やその及ぼす影響力も違っていたと考えられる。それゆえに、単純に両者を比較することには慎重でなければならない。そこで以下では、2人の生き方、性格的違いから生じる幾つかの事例を挙げて

比較することにしたい。

　例えば、塩尻自身は学力的には超優秀でありながら、またその精神において貴族的でありながらも、徹底的に人間平等主義者であった。学問研究においても塩尻は、親鸞に倣って、弟子ひとりも持たないことを実行した。その塩尻も、晩年に唯一人の弟子を公認したが、学派を構成しようとか派閥を組織しようというような考えは一切もたなかった。彼にとって教え子は、あくまでも同僚であった。

　また塩尻は、旧学制で学んだ人々が旧制高校を讃美しその復活を主張しているのに対して、旧制高校の本質がエリート主義と立身出世主義以外の何ものでもなかったことを主張し、新学制こそデモクラシと平等の観点から格段に優れていると擁護することを常とした。

　さらにまた、塩尻の対象とした読者は、学生に限らなかった。その対象は、学生を含む一般人、いわば老若男女全般であり、とりわけ悩めるか弱き男女であった。

　ⅱ　河合の学問的業績への疑問

　先に塩尻は、河合が多作の著者であったことを指摘していた。しかし、多作であることを指摘したことと著書の内容を高く評価することとは、別次元の話である。本当のところ、塩尻は河合の学問的業績をどう評価していたのであろうか。筆者の推測で言えば、次のようなことが指摘できるのではなかろうか。

　1つは、塩尻は河合の専門的な著作をそう高く評価していなかったのではなかろうかということである。塩尻には河合の人生論的な著作（例えば『唯一筋の路』や『教壇生活20年』など）や日記類を、自分の人生との比較をする意味で愛読していたと思われる記述はある。例えば『唯一筋の路』について、次のように書いている箇所がある。

　　「私が最も頻繁によみ返すのは、『唯一筋の路』に収録されている河合栄治郎先生の晩年の日記である。はげまされ、刺戟される。」[95]

しかし、塩尻が河合の学問的著作について高く評価した記述は見当たらない。もっとも塩尻は、彼の設定する水準が高く、河合の著作に限らず、ほとんどの研究は、極少数を除いて、歴史の中に埋もれていく運命、忘れ去られる運命にあると考えていた節がある。それは、若い頃の生意気であった塩尻が天才の仕事以外の仕事に（仮令、それが秀才程度の仕事であったとしても）価値を認めていなかったことと関連しているが。

　2つは、塩尻は河合の研究方法に対して疑問を持っていたのではなかろうかということである。というのは、河合の研究方法論は、演繹的観念論的合理主義とでもいうべきものである[96]。これに対して塩尻の研究方法は、帰納的実証主義的方法である。とりわけ人間の研究においては、緻密に人間の永久的普遍的要素と社会的時代的要素の実証を集積して、人間性の構造と社会との関係を考察しようとする方法である。この点で塩尻は、河合の研究を緻密さを欠くものと評価していたのではなかろうか。

　3つは、塩尻が自分の著作で、河合の著書を批判した唯一の例は、『学生に与う』についてである。塩尻は、同書について次のように書いている。

>　「丁度その頃先生の書かれた或る書物に対して自分の批評を求められた。…1日に十数時間の労働で20日間位で書き上げられたその書物は、その生産力と労働力とには驚くべきものがあるとしても、何と言ってこれ迄の著書の反復が多く上すべりと希薄な感じとを免れないと自分には思われた。自分はその感じを率直に述べ、暫くものを書かないで御勉強なさったらよいのではないか、と言った。」[97]

　また塩尻は、「河合教授と手近の理想主義」でも、大要、次のように指摘している。

>　　河合教授は『学生に与う』で「個人および社会生活の様々の問題について、例えば学問することについて、読書について、師弟愛や友情や恋愛などの特殊愛について、職業について、同胞愛について、社会改革について、その他さまざま問題について論及された」が、「病気や老年に対処する対処のし方について述べられたものはないようである。」
>　　しかし「真実の理想主義者は、これらの問題についてとくに考えておく必要がある」のであり、それらの問題にこそ覆されないような不退転の見解を示し、かつ実

践していく必要がある[98]。

　塩尻は、柔和な表現ではあるが、河合の代表的人生論に対しても批判的な意見を述べていたのである。

iii 河合の頑固な生き方への疑問

　河合の人間的性格については、先に幾つか整理して指摘したことがあるので、それを参考にしていただくことにして、ここでは繰り返さない。ただしここでは、河合の同僚であった蠟山政道の河合評のみを紹介しておきたい。蠟山は次のように書いている。

　　「河合さんは、他人からすすめられて生活の方針を変えるようなことは決してしなかった。それは余りに自分でたてたプランに偏していた。」[99]
　　「しかし乍ら、このように、感情の強烈さと同時に理性の透徹さとを有ち、加うるに相当強固な意思とを兼ね具えた人物が、同僚として同じ組織の中で働くとき、どういう結果になるか。それはおよそ想像がつくであろう。…友人又は同輩との親交は永続しないのが普通である。…はじめ同志として結合していた同僚後輩と後になって対立的関係となって争うようになった場合があるのも、河合さんの此の稀しい非妥協的性格が同僚としてうまく受け入れられるには余りにも強く且つ大き過ぎたためではないだろうか。…河合さんの東大経済学部における最後の生活があのような混沌とした対立関係の中に、殆んど孤立無援の状態に置かれたのも、…1つには河合さんの性格がもたらしたものである。」[100]

　蠟山のこの河合観察は、先に木村も猪木も書いていたことと符合するので、額面通りに受取って間違いないであろう。もしそうであったならば塩尻も、河合のこうした考え方と生き方とには賛成しなかったであろう。むしろ謙虚と謙遜とを旨とした塩尻は、60%主義、それが無理なら30%主義にでも生きる生き方の価値を主張していたのであって、河合のような頑固で硬直した生き方と考え方とを傲慢不遜で、唯我独尊であると批判したであろうと思われる。少なくとも筆者は、塩尻の著作の中で、河合のような生き方と考え方とを肯定したり讃美したりした記述を見たことがない。おそらく塩尻は、河合が職場の同僚や先輩・後輩であったならば、「虚無について」でニヒリストたちを不遜である

と批判したように、また戦後直後に旧制高知高校の校長排斥運動の先頭に立って校長を批難したように、冷静且つ冷徹に河合批判を展開したであろうと思われる。塩尻は、河合を敬愛していたがゆえに、河合の生き方に対しても峻厳な評価を下していたと思われる。

iv 河合の人格主義への疑問

河合を人格主義者と讃美する論者が少なからず存在するが、これも検討を必要とするであろう。本当に河合は、言葉の真の意味での人格主義者であったのであろうか。

そもそも国粋主義であり立身出世主義者であった若き河合が人格主義に目覚める契機となったのは、一高生の時に新渡戸稲造校長の演説を聞いた時であった。その時の経緯は、次のようであった。

> 「明治41年（注・1908年）、栄治郎は念願の第一高等学校に入学した。当時の校長はキリスト教徒であり、高い西洋的教養を身につけた理想主義者の新渡戸稲造博士だった。当時の一高はバンカラ主義が幅を利かせ、新渡戸校長の個人主義、理想主義は一高の剛健尚武の気風と相容れない軟弱思想だという反発が強かった。論争を挑まれた新渡戸は大勢の寮生を前に、『自分はあながち一高の伝統的校風を破壊しようとするものではない。本意はただ、人生の目的に単なる立身出世ではなく金を儲けることでもなく、個々人の人格、すなわち個性の尊厳を認識して、そのすこやかな成長をうながそうとするにある。諸君よ、果たしてこれが一高の校風と矛盾撞着するだろうか。剛健もよい、尚武もよい、しかし私の教育の究極のねらいは人格の向上にこそある』と説いた。会場は水を打ったように静まり、泣いている生徒もいた。栄治郎もその1人だった。日本古来の国粋主義（者）であり立身出世主義者であった栄治郎が、人格至上の理想主義に回心した一瞬だった。」[101]

河合が人格主義（理想主義）に目覚めた感動的な情景が描かれている。しかし、河合自身がその後の人生で人格主義をどれほど実践し、どれほどその中味を深め得たであろうか。また例えば、彼の生き方の中で、立身出世主義をどれほど克服し得たのであろうか。

前出の猪木は、学生の1人が河合に「人格の成長とは一体何ですか？ 私にはどうしてもわかりません」と質問したのに対する河合の回答を、次のように

紹介している。

> 「諸君にはわからぬかも知れない。私がこの理想主義思想を編み出したのは、漫然と読書し、思索した結果ではない。昔私はある痛烈な体験を持った。その体験の内容は具体的にはいえないが、この体験によって私は打ちひしがれ、殆んど絶望に陥りかけた。その時私の中にこの絶望を克服したとき始めて私は本当に成長するのだという声が聞え、私は勇気を得てこの危機を乗り超えた。この絶望と絶望の超克という悲痛な体験が、私の思想体系の出発点にある。この体験のない諸君には人格の成長はわからない筈だ。」[102]

　河合の説明によれば、絶望を克服したときに人間は本当に成長するという体験をしたこと、この悲痛な体験が理想主義思想体系の出発点にあること、従って悲痛な体験のない人間には人格の成長はわからない、ということである。確かに、絶望の体験が人間の成長にとって大切な要因となることは理解できる。しかし、体験は人間の成長の1つの要因であろう。それを認めることにやぶさかではないが、その体験のない者には「人格の成長」がわからないという説明は、親切な回答になっているのであろうか。少なくとも河合の説明では、質問者を説得させることはできないのではなかろうか。

　河合の人格主義がいかなるものであるかは、例えば『学生に与う』の第一部（特に「教養(1)」と「教養(2)」）で、河合はかなり詳細に論じている。しかし、それらの説明は人格の言葉の言い換えに過ぎず、筆者は正直言って、河合の人格主義が何であるかについて理解することができなかった。少なくとも、人格主義の内実が理解できなかった。

　かつて河合の最後の門下生の1人であった音田正巳（大阪府立大学名誉教授、元帝塚山大学長）が、「塩尻先生は、河合先生の人格主義を深めた」（座談会『社会思想研究』）旨の発言をしたことがあるが[103]、そもそも河合の人格主義の中味が問われなければならないと考える。

　なお塩尻の人格主義思想の展開については、彼の多くの著書（例えば『人格主義と社会主義』『青年と倫理』『民主主義の人間観』等々）で詳細かつ緻密に展開されており、筆者も拙著『現代教育思想としての塩尻公明』[104]で詳論したことがあるので、ここでは論じることを差し控えたい。

v　河合の自力的な生き方への疑問

　若い時から英雄的・独善的な生き方・唯我独尊的な生き方をしてきた河合は、東大退職後から続く裁判闘争の過程で、つまり人生における苦闘の体験の過程で、自力的生き方の限界を知るようになったようである。すなわち自分の力（知力と体力と道徳力）は絶対的で、自分の力を以ってすれば解決しない問題はないと自信満々であった河合は、遅ればせながら自分の力では何ともならないという挫折感と無力感とを痛感するに至り、それまでの自力的生き方から、絶対的な力又は天の采配に運命を委ねる他力的な生き方に傾斜して来たように思われる。

　青年期からの苦悩の体験の中で、自力の限界を知り、他力に帰依していた塩尻は、河合のそうした生き方と生活態度の変化とを河合自身の人間的成長の成果であると眺め、むしろ喜び歓迎していたように思われる。それを示している事例を、塩尻の「河合教授と手近の理想主義」から示してみる。

　同文章の中で塩尻は、河合を示唆するかのように、「マイナスのプラスへの転換」の意味を次のように説明している。

> 「なにごとか非常に手痛い悲痛の経験を嘗めて、一時は絶望と混乱との深淵に沈みながら、しかもその悲痛の経験なしにはとうていかなえられないような魂の教訓と人間的成長とを確実に掴んで立ち上がるという事実を経過するときに、いつの間にか一切の事件がことごとく転じて自己に益をなすものであるという牢固として動かぬ実感を獲得することになるのである。」[105]

　塩尻は、河合教授にもマイナスのプラスへの転換を実感する出来事が起ったというのである。それでは、河合に起こった出来事とは何であったのか。これに対して塩尻は、次のように言う。

> 「河合教授は、役人をやめられたときにも、また世間一般の無理解と迫害とに冷遇されたときにも、ほとんど痛痒を感じないほどの強さをもって一貫されていたが、その教授にも、あの時ばかりは徹底的に参ったと述懐されたほどの愛情に関する悲痛な経験があったようである。いなこういう経験を持たれたからこそ、その他の一切の困難をも意に介しない強さがいよいよ鍛え上げられたのだとも思われる。このようなマイナスの経験を逞しくプラスに転換しえた貴重な体験によって、いかなる

事件もすべて人間の成長に役立つものであるという先生の徹底的な楽天主義が生まれ出たのではないかと思う。」[106]

すなわち塩尻は、河合が若い頃に体験した「愛情に関する悲痛な経験」(破談というマイナス体験)によって、「いかなる事件もすべて人間の成長に役立つものである」という「徹底的な楽天主義」(プラスの実感)を得ることができたのではないか、と言うのである。

ここで塩尻が「いかなる事件もすべて人間の成長に役立つものである」という言葉を使っているが、それは、河合が塩尻に宛てた手紙(1939年2月25日付)に書いた「私のことは新聞で御承知の通り起訴まで行きました。行く所まで行った方が徹底していてよいと思います。…理想主義者に不幸というものはありません。あらゆる事が人間の成長に役立つのですから」[107]に由来している。

その当時、河合は東大教授職を追われ、さらに起訴されて裁判で有罪判決を受けるという「悲痛な経験」(マイナス)をするが、その出来事ですら河合は「人間の成長に役立つ」という実感(プラス)を語るまでになっていたのであった。塩尻は、この時に河合が到達した境地を次のように描いている。

「河合教授の言葉をもってすれば、あらゆる事件がすべて人間の成長に役立つという信頼の念、言葉を換えていえば、人生と社会との一切の事件が自己を真実の幸福者たらしめるための慈愛の作用にほかならないという実感をもちうるということであり、またこのような信頼の念をもちうるがために、わずかながら少しずつ、他人と社会全体とに対する真実の愛を成長せしめてゆくことができ、愛することによる幸福感をいよいよ深めてゆくことができる…。」[108]

これは塩尻の文章であって、河合のそれではないが、かつての自力本願の河合の頑固で強引な姿はなく、人生と社会という周囲の慈愛の作用に感謝するに近づいている河合の姿が描かれている。ここには塩尻の思い込みもなくもないが、それでも河合がかなり自力本願から他力本願へ軸足を移動しつつあることを感じ取っていたに違いない。晩年の河合の次の3つの言葉は、それを物語っている[109]。

「理想主義者に不幸というものはありません。あらゆる事が人間の成長に役立つのですから」(1939年2月25日の塩尻への手紙)。
「この世に生まれ、人格成長のために努力して、人知れず世を去った、ということだけでよろしいのだ。」(河合の晩年の言葉)
「起りくることのすべてがよからざるはない、という古人の言葉の意味が、少しずつわかってくる気がする」(河合の晩年の言葉)

6　河合と塩尻の生き方が教えるもの

(1)　自力本願の河合と他力本願の塩尻

i　自力本願の河合の挫折

　すでに述べてきたように、河合は外向的で自己顕示欲が強く、自信家で唯我独尊型の人間であった。そのことは、彼の農商務省への就職と退職の時の宣言、学生指導、学部長職、交友関係などの場面において顕著に見られる。しかし逆説的な見方をすれば、この個性の強さ（アクの強さ）と稀な「非妥協的性格」[110]と常人離れした体力が、彼をして強く且つ戦闘的な人間に育てることになったとも言える。この結果、河合は、野蛮な軍部や右翼の牙城を正攻法で厳しく攻撃し、ひいては唯ひとりで裁判を闘うことができた。まさに河合は、決定的な挫折と失敗とを体験することのなかった勝利者のように、また連戦連勝のチャンピオンのように、唯一筋の路を突き進んだ。当時の彼の鋭利で勇敢な文筆活動は、燦然と光り輝いていた。

　しかし、人生において常に勝利者や成功者であることは余ほど稀有な人であり、また、チャンピオンとして君臨し続けることは不可能である。さしもの河合も軍部や右翼の毒牙の標的となり、裁判で有罪が確定するや、文筆活動も制限された。あれほど自信のあった健康も、急激に悪化するに至った。ここに至って河合は、初めて人間の無力さを痛感し、人間は自力では生きることに限界があることを意識することになった。そのことを示唆しているのが、先に引用した河合の晩年の3つの言葉であった。それは、河合が人間的に成長したことの証明でもあった。

ii 他力本願に生きる塩尻

これに対して塩尻は、河合と同じ人間的性格を有しながら、10代後半から天分と愛情の問題に悩み、精神的危機の地獄を体験した。さらに塩尻は、一燈園修業や坐禅修行を経て30代前半には、すでに河合とは全く対照的な生き方、すなわち他力本願的な生き方を身につけていた。その経緯、すなわち塩尻の20代から30代後半までの精神的修業の変遷を赤裸々に綴ったのが、彼の最初の随想文集『天分と愛情の問題』であった。同書から私たちは、塩尻が他力本願的な生き方をするに至ったのは親鸞教を信じる養母卯女(うめ)の影響と同時代に生きた浄土真宗の大家であった蜂屋賢喜代師の感化力とであったと読み取ることができるが、同時に、それよりもなお一層の強さを以て、自力の限界を痛感した塩尻自身が、涙ぐましい努力精進と言語に言い尽せない苦しい葛藤の末に他力本願の境地に到達することができたのだと理解すべきであろう。

塩尻が親鸞の他力本願の真髄に接近していくことを公に示す文章の最初が、彼が20代後半に倉田百三編集の宗教雑誌『生活者』に投稿した3つの随想文[111]で、彼の信仰の確立を宣言したと考えられる「信仰の基礎となる体験」[112]を『在家仏教』に執筆したのが30代半ばであるが、その彼が「河合先生の想い出」を書いたころは40代半ばであって、彼はすでに日本における親鸞研究の第一人者、否、一級の学究的宗教家になっていた。塩尻が親鸞に関する論文集『日常生活の中の親鸞』[113]を刊行したのが晩年の1967年であるが、同書は彼の宗教的到達点を示すものと言えよう。

(2) 補完関係か対照的な関係か

さきに伊原は河合と塩尻の性格と生き方とを比較して、河合を「剛の人」、塩尻を「柔の人」と表現した。しかし筆者は、塩尻の評伝研究を通して、塩尻は河合に優るとも劣らない「剛の人」であって、彼ほど「剛の生き方」をした人物は稀であったのではないかと考えるに至っている。

また伊原はある時、河合と塩尻の関係は補完関係にあったと語られたことがあった。しかし筆者は、少し違う見方をしている。筆者は、河合と塩尻の関係は補完関係にあったというよりも、2人は異質な生き方もしくは対照的な生き

方をしたと考えている。なぜならば、ある個人の生き方において異質で対照的な生き方を補完したり融合したりすることは実際には不可能であると考えるからである。河合と塩尻について言えば、2人は同じような人間的性格を持ってこの世に生まれ、そして運命的な師弟の出遭いをして、生涯にわたって美しい師弟関係を保った。しかし、2人が人生に対して立ち向かった姿勢は対照的であった。河合は自力本願的な生き方で、塩尻は他力本願的な生き方で、それぞれの人生を生き切ったということである。

おわりに

　本稿は、自力本願的な河合の生き方がよかったとか、他力本願的な塩尻の生き方がよかったとか、といった評価と結論とを下すことが目的ではない。本稿の目的は、それぞれの人間的運命（遺伝と環境と自己努力等を含めての運命）を背負って生きた河合と塩尻とが縁あって出遭って以降、生涯にわたって美しい師弟関係を結ぶことになるが、その交流関係の中において門下生の塩尻が恩師河合の生き方をどのように見つめていたか、どのように考えていたかについて考察し、我々が我々自身の価値ある生き方を発見しよう、というところにあった。

　論じ尽くせない点と分析の未熟な点とが多々あったが、本稿を終えるに当たって、2人の生き方の考察から指摘できることを、整理しておくことにしたい。

　1つは、人間の持って生まれた本性（遺伝的な人間的性格）は宿命的なものであるのではないかということである。すべて人間は縁あってこの世に生まれてくるのであるが、遺伝子に組み込まれた人間の性質は変え難くて強力であるということである。従って人間的成長にとって、人間的本性を如何に伸長し、その伸長を如何にコントロールしていくかということが大切な問題であるということである。

　2つは、人間の成長と発達にとって遺伝が及ぼす影響力は強くて無視し得な

いとしても、環境によって、また人間の努力や意思力によって、人間の性質・性格をも変え得る可能性があるということである。すなわち、自分のおかれた環境や人生において直面する問題や課題との対応と対決の過程で、自分の性質をも変え得ることが可能であるということである。塩尻の人生がそうであったし、河合でさえ、その晩年、環境の采配によって自己の性格を変えることになったということである。この点で、教育を含む環境の整備も重要であるが、自己成長のための自己努力も大切であるということである。

　3つは、我々は自力本願的な河合の生き方や他力本願的な塩尻の生き方をそのまま真似ることはできないとしても、また、真似る必要はないとしても、我々なりに学ぶところが多々あるのではないかということである。つまり我々は日々を、且つ一時一刻を精一杯生きることでさえ充分に価値のある生き方であるが、さらに2人の巨人の生き方から多くの教訓を学ぶことは、今少し志高く心豊かな生き方をしようとするためには有益なことであるのではないか、ということである。なぜならば、最終的な生き方の選択権は我々の手に委ねられているからである。

注
1)　中谷彪『塩尻公明―求道者・学者の生涯と思想―』（以下『塩尻公明』という。)、大学教育社、2012年、60頁以下を参照。
2)　塩尻公明「河合先生の想い出」、『河合栄治郎・伝記と追想』（河合栄治郎全集　別巻)、現代教養文庫、社会思想研究会出版部、1952年、232頁。
3)　塩尻公明「河合先生の想い出」『河合栄治郎・伝記と追想』前掲、236頁。
4)　同前、235頁。
5)　同前、235頁。
6)　同前、233頁。
7)　中谷彪『塩尻公明』前掲、96〜97頁。
8)　J. S. ミル、塩尻公明訳『ベンサムとコールリッヂ』有斐閣、1939年、同訳書におけるミルに関する塩尻の詳細な解説は、今日でも最高傑作である。今日のミル研究者たちの多くが、その研究において本書を参考にしていないのは不思議である。
9)　J. S. ミル、塩尻公明・木村健康共訳『自由論』岩波文庫、岩波書店、1971年。
10)　塩尻公明「河合先生の想い出」『河合栄治郎・伝記と追想』前掲、237〜238頁。

第 1 章　自力と他力の人間学―河合栄治郎と塩尻公明の人間像考察―　65

11）　塩尻公明「中道に斃れんとする虚栄心」『天分と愛情の問題』弘文堂、1943 年、72 頁。
12）　中谷彪『受取るの一手―塩尻公明評伝―』大学教育出版、2012 年、100 頁。
13）　中谷彪『塩尻公明』前掲、62 頁、同前『受取るの一手―塩尻公明評伝―』、36 頁など。
14）　例えば、つぎのような河合栄治郎研究がある。時代順に列記する。
　　前掲『河合栄治郎・伝記と追想』、木村健康「或る自由主義者の歩んだ道―河合栄治郎の人と思想―」『学生生活』河出文庫、1954 年。江上照彦『河合栄治郎伝』社会思想社、1971 年。粕谷一希『河合栄治郎―闘う自由主義者とその系譜―』日本経済新聞社、1983 年。松井慎一郎『戦闘的自由主義者　河合栄治郎』社会思想社、2001 年。同『評伝　河合栄治郎』玉川大学出版部、2004 年。遠藤欣之助『評伝　河合栄治郎―不撓不屈の思想家―』毎日ワンズ、2004 年。松井慎一郎『河合栄治郎―戦闘的自由主義者の真実―』中公新書、2009 年。
15）　木村健康「河合栄治郎の生涯と思想」『河合栄治郎・伝記と追想』前掲、13 ～ 146 頁。
16）　木村健康「或る自由主義者の歩んだ道―河合栄治郎の人と思想―」前掲、134 ～ 159 頁。
17）　猪木正道「リベラリスト・ミリタント」『河合栄治郎・伝記と追想』前掲、264 ～ 274 頁。
18）　木村健康「或る自由主義者の歩んだ道―河合栄治郎の人と思想―」『学生生活』前掲、136 頁。
19）　同前、138 頁。
20）　同前、138 ～ 139 頁。
21）　同前、139 ～ 140 頁。
22）　同前、140 頁。
23）　同前、140 頁。
24）　同前、142 頁。
25）　同前、141 頁。
26）　同前、141 頁。
27）　同前、142 頁。
28）　Rigorism とは、厳粛主義＝原理・原則・法則をきわめて厳格に尊重し、守る立場。感情・欲望を抑え、理性の義務・命令に従って禁欲的生活を実践することを道徳の基とする立場。
29）　財欲・色欲・飲食欲（おんじき）・名欲・睡眠欲の五欲のこと。
30）　木村健康「或る自由主義者の歩んだ道―河合栄治郎の人と思想―」『学生生活』前掲、143 頁。
31）　猪木正道の指摘である。『歎異抄』では、「善人なおもて往生遂ぐ。いはんや悪人をや」と言っている。なお、文中の oedipus-complex とは、男の子が無意識のうちに母親を慕い、

父親に反発する傾向のことである。

32) 猪木正道「リベラリスト・ミリタント」『河合栄治郎・伝記と追想』前掲、271 頁。
33) コラム：伊原吉之助教授の読書室：「河合栄治郎の理想主義（附：墓参記）」：2011 年 10 月 12 日参照のこと。
34) 粕谷一希『河合栄治郎―闘う自由主義者とその系譜―』前掲、26 頁。
35) 猪木正道「リベラリスト・ミリタント」『河合栄治郎・伝記と追想』前掲、271 頁。
36) コラム：伊原吉之助先生の読書室：塩尻公明先生の追悼文：2102 年 9 月 9 日。
37) 猪木正道「リベラリスト・ミリタント」『河合栄治郎・伝記と追想』前掲、271 頁。
38) 中谷彪『塩尻公明』前掲、140 頁。
39) 河合栄治郎『学生に与う』現代教養文庫、社会思想研究会出版部、1955 年、序。
40) 中谷彪『塩尻公明』前掲、6 頁。
41) 同前、137 〜 138 頁。
42) 同前、7 頁。
43) 猪木正道「リベラリスト・ミリタント」『河合栄治郎・伝記と追想』前掲、271 頁。
44) 中谷彪『塩尻公明』前掲、5 頁。
45) 同前、6 頁。
46) 塩尻公明「河合先生の想い出」『河合栄治郎・伝記と追想』前掲、234 頁。
47) 同前、239 〜 240 頁。
48) 塩尻公明「読書のいろいろ」『若き友へ贈る』現代教養文庫、社会思想社、1966 年、199 頁。
49) 塩尻公明『民主主義の人間観』社会思想社、1968 年。
50) 前掲『ベンサムとコールリッヂ』の冒頭の優れた訳者序文。
51) 塩尻公明『J. S. ミルの教育論』同学社、1948 年。
52) 塩尻公明「母の手紙」『自と他の問題』、羽田書店、1947 年、39 頁。
53) 塩尻公明『あなたの人生論』前掲、86 〜 87 頁。
54) 塩尻公明「母の手紙」『自と他の問題』前掲、39 〜 40 頁。天分の悩みについては、「天分の問題」でも次のように書いている。
　「天賦の能力の不平等は、凡ゆる不平等の中で最も根本的なものであり、人力を以て之を排除することの予想され得ない不平等である。…これは愛欲の苦と共に自分の生涯を狂わせた最も大きな障害であった。…結局天分の大小が人生の勝敗を決する唯一の契機であるかの如くに信じ込むに至ったのであった」（塩尻公明『天分と愛情の問題』前掲、1950 年、90 〜 93 頁）。
55) 塩尻公明「眼を閉じて切る」『天分と愛情の問題』前掲、5 頁。
56) 塩尻公明「母の手紙」『自と他の問題』前掲、40 頁。
57) 塩尻公明「母の手紙」『自と他の問題』前掲、40 頁。

58) 神戸大学教育学部社会科研究室内・塩尻公明先生還暦記念会編『塩尻公明先生著作目録』収録の「年譜」、1961年、32頁。
59) 塩尻公明「天分の問題」『天分と愛情の問題』前掲、102頁。一燈園生活の理念は、生命本来の姿にかえって自然にかなった生活をすれば、人は何物も所有しなくても、働きを金に換えなくても生かされるものであることを信じ、つねに路頭の立場で無所有奉仕の生活を行っていくというものである。それゆえに、一燈園生活は「托鉢の生活」であるとも言われている。一燈園では、信者たちが、絶対平等、無所有、無一物の共同生活を営み、奉仕の托鉢行を行う。
60) 塩尻公明「天分の問題」『天分と愛情の問題』前掲、99～100頁。一燈園への入園の動機については、『あなたの人生論』学生社、1969年、53頁などでも述べている。
61) 塩尻公明「天分の問題」『天分と愛情の問題』前掲、102～103頁。
62) 同前、104頁。
63) 塩尻公明『あなたの人生論』前掲、53～58頁参照。
64) 中谷彪『塩尻公明評伝―旧制一高教授を断った学究的教育者―』桜美林大学北東アジア総合研究所、2013年、51～53頁。
65) 同前上、55頁。
66) 塩尻公明『あなたの人生論』前掲、59～60頁。
67) 塩尻公明「眼を閉じて切る」『天分と愛情の問題』前掲、20～29頁。
68) 塩尻公明「没入の効能」『天分と愛情の問題』前掲、39頁。
69) 塩尻公明「中道に斃れんとする虚栄心」『天分と愛情の問題』前掲、88頁。
70) 塩尻公明「書斎の生活について」『書斎の生活について』新潮社、1953年、72～74頁。
71) 塩尻公明「虚無について」『書斎の生活について』前掲、313頁。
72) 塩尻公明『あなたの人生論』前掲、64頁。
73) 塩尻公明「人生訓について」『生甲斐の追求』現代教養文庫、1958年、147頁以下参照。
74) 塩尻公明「青年よ明るく」、塩尻公明・木村健康編『青年と自信』現代教養文庫、1955年、108頁。
75) 塩尻公明「生甲斐について」『生甲斐の追求』前掲、169頁。
76) 塩尻公明「ヒルティの幸福論」『生甲斐の追求』前掲、72～73頁。
77) 塩尻公明「絶対的生活」『塩尻公明人生論』六月社、1958年、22頁。
78) 塩尻公明「生甲斐について」『生甲斐の追求』前掲、169頁。
79) 塩尻公明「青年よ明るく」『青年と自信』前掲、111頁。
80) 塩尻公明「生甲斐について」『生甲斐の追求』1958年、170頁。
81) 塩尻公明「絶対的生活」『塩尻公明人生論』前掲、19～20頁。
82) 塩尻公明「若き友へ」『塩尻公明人生論』前掲、119頁。
83) 塩尻公明「人生と信仰」『塩尻公明人生論』前掲、90頁。

84) 山田文雄「先生の思い出」『河合栄治郎・伝記と追想』前掲、209頁。
85) 塩尻公明「河合先生の想い出」『河合栄治郎・伝記と追想』前掲、244頁。
86) 山田文雄「先生の思い出」『河合栄治郎・伝記と追想』前掲、213〜214頁。
87) 塩尻公明「河合先生の想い出」『河合栄治郎・伝記と追想』前掲、242頁。
88) 同前、243頁。
89) 同前、243頁。
90) 同前、243頁。
91) 同前、242頁。
92) 塩尻公明「河合教授と手近の理想主義」『若き友へ贈る』前掲、130頁。
93) 塩尻公明「河合先生の思い出」『社会思想研究』14巻3号、1962年3月、6頁。
94) 塩尻公明「河合教授と手近の理想主義」『若き友へ贈る』前掲、130頁。
95) 塩尻公明「読書のいろいろ」『若き友へ贈る』前掲、182頁。
96) 例えば蝋山は、河合の研究方法を次のように紹介していた。「河合さんはその意味で事実の調査研究をする学者であるよりはむしろ思想家であった。自分の考えを飽くまで考え抜いてゆく、思索で固めてゆく、論理の徹底さを求めてゆく、ぐんぐん掘り下げてゆく。深さばかりでなく、幅についても同じで、縦横に自己の立場を展開して行く。そういう学問に対する自主的な態度をもっていた」(蝋山政道「人間として同僚としての河合さん」『河合栄治郎・伝記と追想』前掲、191頁)。
97) 塩尻公明「河合先生の想い出」『河合栄治郎・伝記と追想』前掲、235頁。
98) 塩尻公明「河合教授と手近の理想主義」『若き友に贈る』前掲、124〜125頁。
99) 蝋山政道「人間としての同僚としての河合さん」『河合栄治郎・伝記と追想』前掲、190頁。
100) 同前、200頁。
101) 河合栄治郎『志に生きる!』、184頁。
102) 猪木正道「リベラリスト・ミリタント」『河合栄治郎・伝記と追想』前掲、269頁。
103) 音田正巳・伊原吉之助・柿木健一郎・片上明「座談会 塩尻公明先生を偲ぶ」『社会思想研究』第21巻7号、1969年7月号、21〜22頁。
104) 中谷彪『現代教育思想としての塩尻公明』大学教育出版、1999年。
105) 塩尻公明「河合教授と手近の理想主義」『若き友へ贈る』前掲、122頁。
106) 同前、122〜123頁。
107) 塩尻公明「河合先生の想い出」『河合栄治郎・伝記と追想』前掲、235頁。
108) 塩尻公明「河合教授と手近の理想主義」『若き友へ贈る』前掲、126〜127頁。
109) 塩尻公明「河合先生の手紙」『社会思想研究』20巻8号、1968年8月、14〜15頁。
110) 蝋山政道「人間としての同僚としての河合さん」『河合栄治郎・伝記と追想』前掲、200頁。

111) 塩尻公明「自らを励ます言葉」倉田百三編輯『生活者』1928 年 7 月号、同「苦痛に対して」『生活者』1928 年 10 月号、同「母の病気」『生活者』1928 年 11 月号。
112) 塩尻公明「体験 I ─信仰の基礎となる体験─」『在家仏教』第 34 号、1937 年 1 月号、同「体験 II ─信仰の基礎となる体験─」『在家仏教』第 35 号、1937 年 2 月号、同『在家仏教』第 36 号、1937 年 3 月号。
113) 塩尻公明『日常生活の中の親鸞』現代真宗名講話全集 9、教育新潮社、1967 年。

(2013.3.26)

第2章

"よく生きること"についての人間学
―青年学徒に与えた塩尻公明の言葉―

はじめに

　太平洋戦争の戦時下にあって、徴兵される若者の最大の関心事は「いかに死ぬか」であったという。なぜならば、当時にあっては、国民は、一旦徴兵されれば生きて帰ってくることはできないという覚悟をしなければならなかったからである。まさしく徴兵は「生等もとより生還を期せず」[1]と同意であって、再び生きて祖国に帰って来ることがないことを意味した。

　本稿で取り扱うのは、旧制高知高等学校の一教師であった塩尻公明が、戦局極めて悪化した太平洋戦争の末期に、学徒出陣する学生たちに与えた「第一次出陣者壮行式　激励の辞[2]」(以下、「激励の辞」という。)と、学徒勤労動員に行く学生たちに与えた「文科1年を工場へ送る言葉[3]」(以下、「送る言葉」という。)とを分析し、彼が何を伝えようとしたか、その言葉の真意は何であったかを考察しようとするものである。また、その考察を通して、現代に生きる青年たちに「よく生きること」の意味を示唆することができれば、筆者の望外の喜びとするところである。

1 塩尻公明という人―人生哲学を語る講義―

（1） 塩尻公明の略歴と思想

　はじめに、塩尻公明の経歴とその思想の特色を概説しておこう[4]。

　備藤（後の塩尻）公明は、1901（明治34）年11月6日、備藤壮太郎と八重の8人兄弟姉妹の四男として岡山県吉備郡水内村（現在は総社市）に生まれた。のちに塩尻家の養子となる。養父は塩尻級長雄、養母は卯女であった。

　公明は、教育熱心な備藤家で育ち、上道郡富山小学校から岡山県立岡山中学校（現・朝日高等学校）を経て、1922（大正11）年4月に旧制第一高等学校にトップの成績で入学した。この頃の彼の夢は、「官吏を経て政治家へ」という立身出世コースであった。しかし、高等学校2年生頃から天分と愛情（愛欲）の問題に直面し、苦悩と煩悶の生活に陥ることになる。

　当時の公明の唯一の救いは、東京帝国大学から出講してきた河合栄治郎（当時は助教授）を囲む読書会に参加し、河合の指導を受けたことであった。この出逢いを契機に、公明は河合を生涯にわたる恩師として敬愛することになる。

　公明は、一高を卒業して東京帝国大学法学部に入学するが、苦悩と煩悶とは些かも解消しなかった。彼の悩みは、ますます混迷の路を辿ることになった。彼は何とか大学を卒業することにはしたものの、少年期から抱いていた「官吏を経て政治家へ」というコースを放擲し、卒業後は、直ちに西田天香主宰の一燈園に入り、托鉢の修行生活に身を投じた。入園の目的は、随喜の感情（注・利他心）を獲得するためであった。

　しかし塩尻公明は、2年半後には随喜の感情獲得に挫折して退園する。その後、母と共に越後の曽根村で約1年半、晴耕雨読の生活を過ごす。しかし、ここでも満足するに至らず、大阪に戻り、大阪市郊外の北轟木にあった順正寺で坐禅修行に入った。一行三昧（注・没入）の境地を得るためであった。

　塩尻は、大学卒業後5年間の放浪生活を経た1930年3月に、河合の紹介で旧制高知高等学校の「法制経済」の講師（半年後に教授）に就任する。教職に就いた塩尻は「一四の原則」（注・毎日、1時間の坐禅と4時間の勉強を実践すること、

このノルマが達成されないと、次の日以降に持ち越して、ノルマを達成するという生活法）を自らに課して猛勉強を続けるとともに、真摯（しんし）で誠実な教師として学生指導に当たり、学生たちから絶大なる信頼と敬愛とを得る。

塩尻は戦後の1946年2月頃に旧制一高教授に招聘されるが、学生たちの熱烈な留任運動を受け容れて、その就任を断っている。しかし学制改革期の1949年に、新制神戸大学に招聘（しょうへい）され、高知を離れた。

神戸大学では、塩尻は師範学校から昇格した教育学部の看板教授に就任する。着任2年後の1951年には教育学部長に選ばれ、4期8年間その職にあった。学部長であった期間に、塩尻は、創設期の教育学部の充実と発展とに傑出した手腕を発揮し、同学部を全国屈指の教育学部につくり上げた。塩尻は1965年3月に神戸大学を定年退職すると同時に、教育学部第1号の名誉教授の称号を授与された。

塩尻は1965年4月から奈良市にあった私立帝塚山大学（教養学部）教授に就任するが、十数年前に患った心臓病の回復が芳しくなく、まもなく長期の闘病生活を余儀なくされた。塩尻は、療養生活を経て、その都度、小康を得、講義を再開するが、1969年6月12日、教壇で講義中に心筋梗塞で倒れた。享年67歳であった。

塩尻の著作は多数にのぼるが、専門書、人生論・随想論、編著・翻訳書に大別して記載したい。

専門書としては、『J. S. ミルの教育論』、『イギリスの功利主義』、『政治と教育』、『人格主義と社会主義』、『民主主義の人間観』、『民主主義の道徳哲学（講義ノート）』がある。

人生論・随想論としては、『天分と愛情の問題』、『自と他の問題』、『書斎の生活について』、『或る遺書について』、『女性論』、『病苦について』、『天分・愛情・書斎』、『生甲斐の追求』、『塩尻公明・木村健康・猪木正道随想集』、『青年と倫理』、『宗教と人生』、『わが心の歌』、『人生論』、『親の教育・子どもの教育』、『親・教師・道徳教育』、『老春と青春』、『若き日の悩み』、『若き友に贈る』、『日常生活の中の親鸞』、『あなたの人生論』がある。

編書に『若き求道者の手記』、『祖国への遺書』、『社会生活の倫理』、翻訳書

に J. S. ミル著『ベンサムとコールリッヂ』(塩尻の訳者序文は、ミル研究の最高傑作と評されている)、同『自由論』(共訳) がある。

塩尻の著作は、現在、『民主主義の道徳哲学(講義ノート)』(北樹出版、2010年) と『自由論』(岩波文庫) を除いて絶版である。

ただし塩尻の名随想文「或る遺書について」は、『或る遺書について』(新書、中谷彪・関みさよ・塩尻公明研究会編解説、桜美林大学北東アジア総合研究所、2013年) のほか、『ちくま哲学の森2 いのちの書』(筑摩書房、1989年、2011年) と、中谷彪『塩尻公明』(大学教育出版、2012年) にも全文が収録されている。

ここで塩尻公明先生の深奥な人格主義思想を要約することは到底無理であるが、参考のために、その思想の核心を簡潔にまとめておこう[5]。

① 人生最高の幸福は、万人が平等に獲得しうるようなものの中にある。否、万人が平等に獲得しうるようなものの中にでなければ、人生最高の幸福はありうるはずはない。
② 人生最高の目的は、人格の完成(人間らしい人間になること)である。
③ 人格の完成(人生最高の幸福)の中核的要素は、愛他的精神(利他心)の豊かなる伸長にある。
④ 愛他的精神の豊かなる伸長のためには、すべてよく受取ることである。

(2) 「如何に生くべきか」を語った塩尻の名講義

さて塩尻にとって教職は、求道と生活のために就いた職業であったが、彼はすぐさま高知高等学校における人気教授の一人になった。塩尻が人気教授であった理由には、幾つかの理由があった。

その1つは、塩尻の講義が名講義であったことによる。このことは、塩尻の講義が用意周到に準備されていて、その講義内容が充実していたからであった。彼は高知高等学校に就職して間もなく十数年間にわたって「一四の原則」という生活法を実行して、猛烈に勉強した。彼は講義の準備にも多くの時間を費やし、他人の所説を借りたものでない彼自身の思想や見解を盛り込んだ厖大な講義案(生徒たちは、その講義原稿を「大福帳」と呼んだ)を作成した。そうした彼の講義が、真面目な受講生たちの向学心を魅了したのであった。

その2つは、講義の本論に加えて語る余談・雑談としての彼の人生論が有益であったということである。塩尻は、講義の中で、彼自身が悩み苦闘してきた人生問題を赤裸々に生徒たちに披露し、彼自身が如何にそれらの問題に対処してきたか、また現在、如何に対処しつつあるかを語りかけた。それは、自問自答に近い形で行われた。自分の考えを生徒たちに押しつけるようなことはしなかった。まして、同調を求めることもしなかった。ただ塩尻は、自分の心のありのままを正直に告白し語りかけたのであった。
　例えば塩尻が赴任した翌年の1931（昭和6）年に入学した藤谷俊雄は、塩尻の「法制経済」の講義で、アダム・スミスの古典経済学理論やJ. S. ミルの自由主義社会論を興味深く聴いたが、その塩尻の講義の特色を次のように書いている。

　　「先生は通り一ぺんの講義ではなく、自分自身の立場を常に明らかにされて話をされるので、理屈の多い若者たちも納得して聴講しました。…先生は自分の精神的悩みについても包みかくさず話され、そのことがまたわたくしたちの悩みにたいする教えとなりました。だから先生にはまじめな学生の中に、根強い信頼がありました。」[6]

　塩尻の同僚であった八波直則の回想録『私の慕南歌』には、塩尻の授業を受けた学生たちの感想文を収録しているが、彼らの感想文に共通しているのは、講義の本論を凌駕する脱線部分での人生論から受取った貴重な教えの記憶であった。或る学生は、次のように回想している。

　　「講義の内容の細かいこと殆ど忘失してしまったが、月並みな法学概論、経済学概論ではなく、社会思想的なものが多く、J. S. ミルの『ベンサムとコールリッヂ』『自由論』、ミル父子のことを情熱的に話続けられ、時に脱線して、天分、愛欲、容貌、利己心と利他心等に触れられるとき、多くの学友の心を揺さぶった…。」[7]

　鋭い感性の持ち主であった学生たちであったからこそ、謙虚ではあるが、意味深長な塩尻の問い掛けを真正面から受け止めることができたのであろう。
　ところで八波自身は、塩尻の授業を受講した生徒たちに聞いた話を次のように紹介している。

第２章 "よく生きること"についての人間学―青年学徒に与えた塩尻公明の言葉― 75

> 「(塩尻)先生の授業でもっとも印象深いのは、本筋の法制経済よりもときどきお話になる『利己心と利他心』とか『鏡川のほとりを散歩して考えたこと』『休暇中に京都に遊んだこと』といった話しであったそうです。しかしこれは雑談とは違う。話すことをきちんと原稿に書いてきて、一時間ぶっ通しでやるのです。」[8]

　八波の記述からは、塩尻の雑談は雑談を超えた立派な人生論の講義であったということが窺える。塩尻のこうした語りかけに対して、塩尻と同じような悩みを持つ多感な生徒たちは、眼前に同じ悩みを悩み、苦悩して解決策を見出した（見出そうとしている）先達を発見し、共鳴し感動していったのであった。

　その３つは、塩尻が講義や教育指導を通して、多くの学生たちに「よく生きること」の意味を問いかけ、考えさせたことであった。前に述べたように、講義における人生論にも多くの教訓が込められていたが、その中でもとりわけ学生たちの生涯にわたって深い記憶を刻み込むことになったのは、戦時下において彼が、「よく生きること」の意味を説いたことであった。

　塩尻の講義を受けた学生たちは、自分たちの心を揺さぶった塩尻の講義の魅力を次のように書いている。

> 「二学期には、前期のような深刻な場面もなく、合間に天分の不足、エゴの醜さ、愛情と悪、失恋の苦などについて話されるようになり、教室はいつもにぎやかでした。…回を重ねるにつれて、先生が自分の体験を話して人間の生き方を説いていることがわかり、みな言葉じりをつかまえて騒ぐのをやめて先生の体験談や人生論を傾聴するようになりました。」[9]

　敗戦後の授業では、塩尻は、戦争の教訓、敗戦の分析のほかに、個人の尊厳の重要性や人生哲学を展開したようである。

> 「先生の再開後の授業の第一声は戦争の教訓ということで、科学の力、道義の力の及ばなかったこと、日本といえども天地の公道に基づかなければならなかったことを三思すべきであるとのお話だった。…フィヒテの『ドイツ国民に告ぐ』の高知高校版の感をもった。…もう一つ、…先生は授業の持ち時間全部を、平気で余談ともいえるものに充てられることがあった。担当のクラスに揉め事があった時、惜し気もなく１時間を割愛してクラス内の討論に聴き入って最後に一つの裁定を下された思い出がある。生徒達の真摯な気持ちのぶつかり合いこそ生きた教材だとしてご自

分の一時間そこらの授業の進度を意に介されなかった。」[10]

また、ある学生は、次のように述べている。

> 「個人の尊厳の重要性を説かれたということは、塩尻先生の講義の基本であり、私は社会科学の基礎を学び取ったことになります。…塩尻先生は、一流の教育者であったのではないかと思います。…我々生徒の目からいたしましても塩尻先生というのは、或る意味で、今日で言えば輝いていた一人の先生だったと思うんですね。また塩尻先生の言われることは皆非常に熱心に聴いたし、非常に我々にも納得のいくようなお話をしていただいた。…法制経済の講義、その当時経国と言いましたけれども、その中で、塩尻先生は学問の話の他に人生哲学といいますか、自分の経験を通した人間の生き方のような話を度々なさいました。」[11]

塩尻は、自分の経験して来た（また、現に来つつある）悩みと苦悩（例えば、天分と愛欲の問題、我執の強さ、性欲の激しさなどの問題）を真正面から受け止めて如何に対処してきたか、そして今、如何なる時点にあるのか、を語ったということである。彼のその話が、多感な青年学徒たちが共通に抱いている問題、すなわち「人生如何に生くべきか」と問いかけ、彼ら自身が自己の内心を見つめるべく、彼らの心に火をつけたのである。

八波は「教え子たちが（塩尻）先生から吸収した大きな部分は、教壇で教えを受ける学問的領域よりもむしろ、人生に対する考え方…人間いかに生くべきか…といった思索の姿勢であったように思います」[12]と書いているが、それはまさに塩尻の講義の真髄の指摘であった。

（3）学生たちに尊敬された塩尻教授

旧制高知高等学校同窓会が編集した『自由の空に』は、同書の副題にもあるように、旧制高知高等学校50年史の外史的な性格の書籍である。その中でも圧巻は、卒業生たちが語る塩尻公明の行動や講義についての讃美の箇所である。以下で、その幾つかを紹介しよう。

その1は、戦争準備が進められ、軍国主義化が学内にも浸潤してきつつある時代に、学園の自由と自治を堅持しようと努力奮闘した教授陣の一員として、

塩尻が輝いていたという記述である。

> 「初代江部校長もあの有名な感激なき人生はの訓示の中に『この感激の中でも全人格を動かすに足りるものは人格完成への努力である』と教養主義の路線をハッキリ敷いているだけでなく、4代目の石倉校長も…『軍人は教育に容喙(ようかい)すべきではない』と満座の前で、配属将校を一喝し、明治の教養人としての気骨と魅力を感じさせた。その上に、河合教授の愛弟子で、多くの生徒から人生の教師として慕われていた塩尻公明先生が法制経済を講ずる合間に、自と他の問題、愛情の問題、天分の問題、壁を磨く絵師の心（仏教説話）など数々の人生の問題に触れられ乍ら人格完成への努力の尊さを説いたことの影響も少なくはなかった。…それだけに自由の尊さを知り、塩尻先生を慕い寄った多くの生徒は、先生を通して河合教授の燃えるような憂国の熱情を感得し、その多くはファシズムへの批判者として育っていくのであった。」13)

その2は、「終わりのとばり今ここに」という座談会における瀬戸裕之（23回・文）の以下のような回想的発言である。

> 「しかしなかなかいい講義もありましたよ。例えば塩尻先生なんかは、生と死の問題についてよく話をされました。われわれ文科生は特にどうせ死ぬんだという恐怖感がありまして、兵隊に行くか、空襲でやられるかという死との対峙の気持ちに対応して、塩尻先生がそういうお話をされたことを覚えていますね。ともなく『よく生きることがよく死ぬことだ』というような話をされていたというように覚えています。」14)

この発言は、その前の発言者（和田隆二郎・25回・文）の発言（「先生の方もどうせ、こいつらはすぐに戦争へ行くんだから、正規の卒業をする筈がない奴等だ。それまでちょっとお相手してやればいい、そういう感じだったですね」）を受けての発言であった。

当時の学生たちが直面していた生と死という最大の問題は、塩尻が直面していた究極の問題の一つでもあった。塩尻はその問題についてどう対処すべきかを自らの体験や実践をも踏まえて語ったのである。死と対峙していた学生たちにとっては、塩尻の話は吸い取り紙に吸い込まれるインクのように沁み込んでいったことであろう。

その3は、「対談　南の国よ詩よ歌よ」における近藤鎮雄（16回・文）の次の証言である。

「(塩尻公明先生は) われわれの年代では一番尊敬している方です。経済の先生でしたが、人生を語り哲学を語ってくれました。」[15]

「人生を語り哲学を語る」塩尻の講義は、学生たちに「人生、如何に生きるか」を問いかけ、考えさせる契機となったことであろう。その証拠に、そうした語りと問いかけとが、講義の内容よりも、遥かに深遠な影響を学生たちに与える結果となったのである。その一人が、戦争犯罪人としてシンガポールの刑場で絞首刑に散った教え子の木村久夫であった[16]。

2　「第一次出陣者壮行式　激励の辞」―生きて帰らんことを―

（1）学徒出陣と学徒勤労動員の背景

　ここで「激励の辞」や「送る言葉」の意味をよく理解するために、学徒出陣と学徒勤労動員とを強いた当時の戦時下の時代的状況と、学徒出陣と学徒勤労動員とについて、簡単に説明しておこう。

　従来、兵役法などの規定によって旧制の大学・高等学校・専門学校などの学生は26歳まで徴兵を猶予されていた。

　ところが、日本は、1937（昭和12）年以来、当初は中華民国との日中戦争（支那事変）、続いて1941（昭和16）年からはアメリカ・イギリスなど連合国との太平洋戦争（大東亜戦争）を続けていた。しかしながら、アジア・太平洋地域に及ぶ広大な戦線の維持や1942（昭和17）年以降の戦局悪化で、戦死者・戦病者数が急増し、兵力不足が顕著になってきていた。そこでこの兵力不足を補うために、在学途中の学生を徴兵し出征させることにした。これが学徒出陣である。

　学徒出陣の変遷は、まず1941年10月、旧制の大学・専門学校などの修業年限を3カ月短縮し、同年の卒業生を対象に12月に臨時徴兵検査を実施して、

合格者を翌1942年2月に入隊させた[17]。さらに同年、予科と高等学校の修業年限を6カ月間短縮し、9月卒業、10月入隊という措置をとった[18]。

1943年には政府は、高等教育機関に在籍する20歳以上の文科系（および農学部農業経済学科などの一部）の学生を在学途中で徴兵し出征させることにした。対象学生は、日本国内の学生だけでなく、当時日本国籍であった台湾人や朝鮮人、満州国や日本軍占領地、日本人二世の学生も対象とした。

そして遂に1943年10月1日、東条内閣は在学徴集延期臨時特例（昭和18年勅令第755号）を公布するに至った[19]。同特例は、理工系と教員養成系を除く文科系の高等教育諸学校の在学生の徴兵延期措置を撤廃するものであった。この特例の公布・施行と同時に臨時徴兵検査規則（昭和18年陸軍省令第40号）が定められ、同年10月と11月に徴兵検査を実施し、丙種合格者（開放性結核患者を除く）までを12月に入隊させることとなった。この第1回学徒兵入隊を前にした1943年10月21日に、東京の明治神宮外苑競技場で挙行されたのが出陣学徒壮行会であった。

さて、1943年の徴兵延期措置の撤廃で、学徒出陣の対象となったのは主に旧制大学・旧制高等学校・旧制専門学校などの高等教育機関に在籍する文科系学生であった。彼らは各学校に籍を置いたまま休学とされ、徴兵検査を受けて入隊した。1944年10月には徴兵適齢が20歳から19歳に引き下げられ、学徒兵の総数は13万人に及んだと推定されている（ただしこの数字は、日本政府による公式の数字が発表されていないので、推定の域を出ず、死者数に関してはその概数すら示すことが出来ないという）。

なお、学徒出陣によって陸海軍に入隊することになった多くの学生は、その高い学歴と能力とのゆえに、陸軍の幹部候補生・特別操縦見習士官・特別甲種幹部候補生や、海軍の予備学生・予備生徒となり、訓練の後には、野戦指揮官クラスの下級将校や下士官として出征して行った。

つぎに学徒勤労動員（または学徒動員）であるが、これは、政府が第二次世界大戦末期の1943年以降に、深刻な労働力不足を補うために中等学校以上の生徒や学生を軍需産業や食料生産に動員したことをいう。

もっとも学徒勤労動員は、すでに1938年に、文部省通牒によって学生・生

徒たちが長期休業中に3～5日勤労奉仕することを義務付けられたことがその端緒であった。だが戦争拡大に伴い、軍需部門を中心に労働力不足が深刻化してくると、東条内閣は1943年6月に「学徒戦時動員体制確立要綱」を、翌1944年3月に「決戦非常措置要綱ニ基ク学徒動員実施要綱」を閣議決定し、学徒全員を工場配置することにした。さらに翌1945年には「決戦教育措置要綱」を決定し、一年の授業停止による学徒勤労総動員体制をとった。

(2) 旧制高知高校における第一次出陣者壮行式並びに激励会

こうした緊急状況下の1943年11月22日、旧制高知高校でも、第一次出陣者壮行式並びに激励会が行われた。「南溟学徒第一次出陣記念壮行式特輯」と題した『高知高等学校報国団報』第4号（1944年2月）には、当日の壮行式と激励会の概略を紹介している。以下に、その要点を紹介することにしよう。

壮行記―友斯くて征(ゆ)けり―

今日、昭和18年11月22日、高知高等学校第一次出陣者壮行式並びに激励会の日である。

教場にある最後の日までと、無心に筆を走らせた定期試験最終日の友は、2時限終了の鐘の音と共に、靴、脚絆に身を整え全校生と共に中庭に集合した。別格官幣社山内神社に参詣するのである。先頭を行く校旗は陽光に燦めき、征く友と共に全校生が生命を籠めて歌う南溟学徒進軍歌は後へ後へ並を引起し晩秋の空に広って行った。我等が報国団歌だ。

社頭でひたすら武運を祈りたる後、祝詞戴き、護符受くる凛然たる友の目差しは今後の奮闘を象徴して余りあるものである。

昼近く帰校、先刻迄の厳粛なる気分を一掃して、談笑の裡に会議室に入る。出陣の友は教授方との午餐会に臨むのである。岡本教授先ず立たれて、それの校長の御好意に出で、杉田書記の御努力に依る事を告げられれば、池田君応えて、他校に見られざる、正に天下一品の御馳走に与り感謝に堪えないと述べる。教え子の皿に料理を盛る老師、感激の手先で之を受ける生徒。一入美しい場面が繰り展げられたのであった。

因みにこの会は食糧の都合で、始め教授側は代表者のみ出席との事になっていたものが某教授が「弁当を持参してでも食事を共にしたい」と提案されたという話である。

歓談未だ尽きざるに、粛々たる空気堂内に漲(みなぎ)り、自らに友は征くの感が胸を衝

く。式は岡本教授の司会によって進められ、最初の国民儀礼さえ言い知れぬ感動を誘う。浜口助教授の指名に応え、唇を堅く結んで友は壇上に並び立つ。征く友の眼と残る者の眼とが空中に火花を散らす。

壇上に並ぶ学友、これぞ征く友！！

と見返せば、引緊めたその口、決然と揚がったその眉。切々として我等の胸を打つのである。

校長登壇、諄々と訓示されれば、続いて、征く教え子に最後の餞(はなむ)けの言葉をと、岡本教授を初めとして、蒲原、塩尻、八波、田中、石田の諸教授、次々と出陣者の前に進まれ、或は詩歌を以て或は深き御思索の結果を以て或は貴き御体験の表白を以て情を尽し、理を尽し、声涙共に下る激励をなされたのであった。

感激、奮起、涙と共に奉公を誓い、母校の為に戦わん事を期した者は、唯に出陣諸友のみであったろうか。

次いで報国団総幹事、在校生を代表し惜別の情を述べ、軈(やが)ての日までの決意を闡明(せんめい)すれば、出陣者代表池田君感謝の辞を述べ更に自作の長詩に托し、心情を披瀝する。かくして引続き感措く能わざる出陣諸友は残る者の前に立つ。

岡崎君先ず「諸君よ。真の高校生たれ！！真実に涙せよ！！」と絶叫すれば、続けて三好君「自分は今泣かんばかりの感劇を抑えて登壇した。何も言う事はない。気持ちは十二分に先生方が述べて下さった。誠に人生とは自己との戦いである。唯之を！」と和歌二首に寄せて首途の心を述べる。

板倉君感激を滔々たる熱弁に吐露すれば、更に戎谷君「自分は平生の大言壮語にも似ず、自分の弱気を知ったが、自分如きものでも充分に安んじて死に得る事を戦線に実証したい」と、温顔を紅潮させて述べる。

これに応えて南溟寮総幹事宮川君立って「起て！！寮生諸君よ！！この出陣諸兄の叫びに何を以て応えるか。南溟寮の振起と日本一の南溟寮建設これのみだ！！」と烈々火の如き弁を振った。

残る者の熱情は愈々燃え、壇上に立たんとする気配測るべからざるものがあったが既に4時近い。

最後に今秋帰還された文科2年1組大陸転戦5年の勇士玉寄中尉悠々立って別項の如き真情溢る、激励を行い、我等が心中を尽されたのであった。

次いで出陣者への学校よりの記念品贈呈、銘入りの操出鉛筆は校長の手から総代板倉君に手交された。

校歌斉唱、共に歌う最後の校歌である。…

万雷の拍手に送られて、やがて友は足取り遅しく講堂を去って行った。

やがて在校生も続いて運動場に出る。すべてが思出の種ならざるはない。炎熱の鍛錬、突風の苦行…この土の上に今我々は乱舞せんとするのである。

「高知高等学校出陣者壮行感激大ストーム。1、2、3」
音頭と共に、夕陽映ゆる秋空の下、歌い、廻る5百の輪型陣は南溟の天地をゆるがしたのであった。終って征く者と残る者が向き合って、「海行かば」を斉唱した。征く友の歌う顔は入日に映え、感涙に瞳が光る。終って、聖上の万歳、高知高等学校の万歳、本校第一次出陣者の万歳を夫々校長、阿部、岡本教授の発声で唱え、邦家、母校の栄えと共に出陣諸友の武運を祈念したのであった。こゝに全校による壮行式激励会の幕は一応閉じられたのである[20]。

この後、出陣者たちは修練道場精思堂での行事に参加し、その後は、さらに級友の催す壮行会に向かい、深夜まで最後の夜を過ごした、という記事が続く。記事は、最後に、翌日早々の高知駅における見送りの状況を次のように紹介している。

明けて23日午前8時、高知駅頭、次々集い来った我等在校生は教授方と共に、又早朝寒さを衝いて来り参ぜられた市長始め高知市民代表城東商業の生徒諸君と共に、最後の見送りをする事となったのである。
板倉君見送りに対する感謝を述べ、奮闘を誓い、後事を託すれば、我等一斉に大声で明日からの精進を約したのであった。
忽ち澎湃（ほうはい）として湧き出た校歌に涙せぬ者又幾人かあったであろう。尽せぬ想いは自ら駅頭ストームとなって激発し、征く者、留る者、その情は渾然融合したのであった。
8時19分。「引き受けた」「元気で頑張れ」
交わす言葉、轟々（ごうごう）たる万歳の叫びに、東方へ東方へと驀進（ばくしん）し去ったのであった。…[21]

まさに熱狂と興奮と昂揚の雰囲気が伝わってくる。戦時下においては、戦争是認論または戦争肯定論に立つ思想家たちの扇動もあり[22]、大多数の一般国民はもちろんのこと、エリート集団であるはずの高校生たちでさえ、純粋であることと思慮の浅薄（せんぱく）さと集団心理（群集心理）とのゆえに、思考中止の状態、または一種異様な興奮状態になってしまうのであろう。

こうした状況下で『高知高等学校報国団報―第一次出陣者壮行式特輯―』（第4号）が編集され、翌年2月に刊行されたのであった。

（3） 塩尻公明の「壮行激励の辞」―生きて帰らんことを―

『高知高等学校報国団報―第一次出陣者壮行式特輯―』（第4号）は、副題の「第一次出陣者壮行式特輯」が示しているように、1943年11月22日に行われた学徒出陣の壮行式と激励会との記事で満たされている。内容は、佐野保太郎学校長の「訓示」を初めとして、各教官並びに生徒有志たちの「壮行激励の辞」が続いている。教官の2番目に、塩尻公明の文章がある。ただし、教官の文章には表題がないので、塩尻の場合も、「壮行激励の辞」としておきたい。塩尻の文章はそう長くはないので、以下にその全文を示すことにする。

「壮行激励の辞」

「出陣学徒を送るために色々の人々に依って色々の言葉が述べられているのを読んだ。それ等の言葉は夫々に諸君を励ます所があるであろう。其等の言葉に依って安んじて死に得る心境をもち得る青年はその儘で立派なのである。然し乍ら私自身が、学問で国家に奉仕することが自分に適当なる分担であると己惚れて来た私自身が、ペンを捨てて戦場に死に得る心を持ち得るためには、之等の言説は必ずしも充分に力のあるものではなかったことを告白する。今自分は、そう言う自分と同じような弱く低き心境を持てる人々に対して言いたいと思う。弱く低き心境と言ったが、或る意味では人生に対して望む所が大きく欲深い心境であるとも言い得よう。微々たる此の一生と雖も永遠と対置してその生甲斐を考えずにはいられない心持である。従って、大東亜共栄圏の完成をもこめてより高きより永遠なる目的のために身を捧げたいと思うのである。端的に結論を語れば、我々にとっては喜んで国家のために死ぬこと、全体のために死ぬこと、その事自体が実に美しいことなのであり、死を賭することに足りることであり、仮令自分の名が新聞紙の片隅にも載せられなくとも不滅に輝くことなのである。全体のために身を捧げると言う祖国のために命を捧げると言うことは、これを口にすることは容易であろうとも、我々平凡人にとっては、否応なしにその境地に置かれなくては如実にその心境を鍛錬し得るものではない。又逆にそういう境地に置かれる時には平生自分に夢想だにしなかった力が湧き出るものである。自分はもちろん、諸君が武運芽出たく凱旋して戦場に於ける貴重なる体験を生かして学問其他指導的なる仕事に再び精進せられんことを熱望する。然し今出陣せんとするに当っては此の千載一遇の機会を捉えて、若き命を賭してかゝる此の機会を捉えて、真に全体のために死に得るような美しき人間を練成するために骨折って欲しいと思うのである。

私の唯一人の男の子が丁度満1歳になる。手の届く限りの障子を皆破り、本棚から本を引出して破り、油断していると数年間の丹精になる原稿を危機に瀕せしめる

ことさえある。最近は手にふれる限りの茶碗を力の限り投げつけて破ることを趣味とするようになった。これから大きくなる迄には何もかも破壊されて仕舞うのではないかとさえ思われる。然し乍ら、どんな貴重な家具でも凡てこわされてもよい、此の子供さえ心の大きい、人を愛し仕事を愛する人間に成長して呉れるならば、と思う。斯様にして育てた子供が、我利我利亡者となったり卑怯者になったりして呉れるならば、如何にがっかりすることであろう。この大切なる子供を今日戦場に送るとすれば、自分は果して何を望むであろうか。正直なところ、出来得べくんば生きて帰って自分のなり得なかった立派な学者になって貰いたい。然し乍ら卑怯な振舞いをして貰いたくはない。立派な死に方をしたと聞いたならば、若き命を惜んで泣くであろうが、同時に、大切に育てた甲斐があったと喜びにむせぶであろう。玉の如くに育てた子供に対して親として熱望する望みこそ恐らく人間として最も正しい望みであろうと思う。これと同じことを自分は諸君に向っても言う他はないのである。諸君が武運めでたく生きて帰らんことを神かけて祈ろう。然し散らねばならぬ時には美しく花の如くに散って貰いたい。これが自分の結論である。」[23]

(4) 塩尻公明の「壮行激励の辞」の意義

　塩尻公明の「壮行激励の辞」の意義は、どこにあるか。それを指摘してみよう。

　1つは、学徒出陣を名誉であると祝福することや、「生等もとより生還を期せず」といった類いの教官たちの「壮行激励の辞」を批判しているということである。ただし、この場合塩尻は、慎重な表現と高度なレトリックとを使用している。例えば塩尻は、冒頭部分で、多くの人々が出陣学徒を送るために励ます言葉を述べているが、自分自身はそれらの言葉によって安んじて死に得る心境になれないこと、ペンを捨てて戦場で死に得る心を持ち得えなかったと告白し、「自分は…自分と同じような弱く低き心境を持てる人々に対して言いたいと思う」という表現を使用している。

　塩尻が批判の対象にしていたのは、例えば佐野保太郎学校長の次のような訓示であったのではなかろうか。

　　「…今度召されて行く人たちは、すでに学校において、精神肉体共に、十分鍛えに鍛えて来た人たちである。諸君が今日までの鍛錬は、畢竟今日の栄ある出陣の為

第 2 章 "よく生きること"についての人間学―青年学徒に与えた塩尻公明の言葉―　85

　であったといわねばならぬ。
　　畏（かしこ）くも教育に関する勅語の中に、
　　一旦緩急アレハ義勇公ニ奉シ
　と仰せられてあるが、その時機は正に到来したのである。
　　諸君は、新たに定められた学徒出陣の名誉ある、その第一陣を承（うけたまわ）った、実に仕合せな人たちである。…
　　諸君は、あと1週間ばかりにして、待望の軍隊に入るわけである。一旦軍隊に入ったならば、もはや学生であるという気持ちは、すっかり捨てて、完全なる1箇の兵士として、先ず新たに出発すべきである。…
　　どうか、入隊後は、よくその職責を完うして、軍の模範たる人となってもらいたい。諸君の名姓は諸君の父母の名声であり、諸君の郷里の名声であり、同時に又諸君の出身校たる我が高知高等学校の名声でもあるのである。
　　戦に臨むに当たっては、生死を超越してかゝるべきこと、もとより言うまでもない。今日、諸君の前に置かれた問題は、ただ1つ―それは、宿敵米英の撃滅、たゞこの1つである。大東亜の建設も、世界水準の平和も、畢竟たゞこの1つの問題を立派に、そうして速かに解決することによって得られるのである。もはや机の上で理屈を考えて居る時ではない。『大君のみことかしこみ』たゞ実行あるのみである。…。」[24]

　学徒出陣を名誉と称え、入隊後は「軍の模範」になれと求め、「米英の撃滅」のために「生死を超越」して「戦に臨む」べきと諭す学校長の訓示には、「一旦緩急アレハ義勇公ニ奉シ」という教育勅語の精神に従順な教育指導者の姿勢、国家と天皇による無謀な戦争遂行のために自らの学生たちを供出することに何の戸惑いも心痛も感じていない典型的な体制追従かつ自己保身型教育者の姿勢が露（あらわ）である。これでは、学徒の教育者であることを自ら放棄したと言わざるを得ないであろう。
　戦後、学生たちと教官たちによる佐野校長排斥運動が起こり、塩尻がその運動の先頭に立つことになるが、その時、塩尻の怒りの遠因の一つは、こうした学校長の姿勢であったと思われる。
　また、同僚教官たちの次のような「壮行激励の辞」も批判の対象になったと思われる。

　　「親愛なる我が出陣学徒諸君。…今や愈々巻を閉じ筆を洗って起ち上るべき日が到来したのであります。…抑々諸君は、理想のために、堂々と戦うのであります。…

さらば、諸君。笑って、此の現身を、死地に投ぜられよ。而して悠久の大義に生きられよ。」[25]
「…今や世界は挙げて大戦の渦中にあり、我が国またその戦闘範囲の広漠たる真に大和民族有史以来のものであると共に軍事的準備すべて自給自足たらざるを得ぬ状態であり、今こそ大和民族の実質的絶大さを示すべき秋に立ち至ったのである。況んや世界を折半して枢軸国を率いて重責を負う。かくて我が国力を竭して戦う以上、生徒諸子も亦学窓より一路戦線に向う事蓋し当然であって、諸子が練磨し来った形而上形而下両面の学殖人格は、今正しく皇軍百万の中軸的威力となって敵撃滅の推進力となるべき事真に火を睹るよりも明らかである。…」[26]

　もし人の教師であれば、喜んで戦場へ教え子を送るような教師は例外中の例外と言わなければならないであろう。高知高校の教官たちの中には、そういう例外教師はいなかったと思われる。しかしながら、治安維持法下で、思想信条の自由が徹底的に管理統制されていた当時においては、教師たちはその言動において神経を使わざるを得なかったし、その執筆に際しても苦渋の用語選択を強いられたであろう。そうでなければ、教師たちも、彼ら自身の身の安全さえ保障されなかったからである。
　しかしながら、教え子を戦場に送るに臨んで、心情において積極的でなかったとしても、消極的にであれ、容認することは、塩尻の肯定できることではなかった。
　事実、教師の中にも、「…諸君の胸裏に去来するのは生死の問題ではないかと思う。そして私はそれに就いての解決或は覚悟と言ったようなものを持って居ない。…諸君のご健康と御健闘を祈る」（吉川進教官）とか、「今度征く事になった諸君は私にとっては特に縁の深い人々である。二組の人は二ヶ年に亘って私が組主任として親しく交わった人々であるし、一組の人々も二ヶ年間教室その他に於て多くの時間倶に学んだ人々である。従って今回この人々を送るに際し感慨の念深きは当然の事であろう。その中には確かに強い惜別の情が濃く流れている。…然り、惜しいのである」（浦谷吉雄教官）と書いた人々もいたのである。塩尻の記述は、こうした良心的な教師の中でも、傑出していたと思われる。
　そしてまた、次のような生徒有志の「壮行激励の辞」も批判の対象であった

第2章 "よく生きること"についての人間学―青年学徒に与えた塩尻公明の言葉― 87

であろう。

　「出陣諸兄!!…これからの数年間は兄等の一生涯で死生を超越した最も緊張の生活であります。やがて第一線に立たれるでしょう。先に軍務を終えた者として二、三感じた事を述べたいと存じます。
　先ず第1に目前の敵を撃てと言う事です。星1つの初年兵として入隊されたなら、星1つと四つに取組み、日本一の二等兵にならねばなりません。次ぎに幹部候補生採用試験に打ち勝ち、予備士官学校での猛訓練と戦い、それから第一線に於ける真の敵を撃たねばなりません。…
　第2には、如何なる困難に遭っても我の行く道は正しく希望に満ちたものとして喜んで敢闘する事です。戦争は困と苦の連続です。…『我が行く道は常に正し、この艱難を突破するのが自分の道だ』という心構えで戦闘して下さい。…
　嗚呼、出陣の時は来ました。北に大陸に南に、兄ậよ征け、戦え、そして勝て!!任務終らば再び学徒に帰られよ。」[27]
　「…今や学徒出陣の進軍歌は勇ましく奏でられ只管(ひたすら)戦場へ戦場へと前進せんとしています。このとき我が南溟の地より〇〇(ママ)名の先輩同輩を送り出すを得、我等の栄誉これより大なるものがありましょうか。出陣諸兄には勿論この天地正大の気溢るる土佐の地に育まれ、平生の勉学鍛錬を祖国の道に生かすべきときが到来したのであります。どうか諸兄には南溟精神を充分発揮し、縦横無尽に活躍され、大東亜共栄圏確立、米英撃滅へ一路邁進されよ。我々在校生はあくまで高知高校を向上発展せしめ、諸兄に後顧の憂なからしむると共に、やがて諸兄に続き、第二、第三の学徒出陣を待っている次第であります。…在校生諸君、感激あれ、更に更に奮起せよ。」[28]

　帰還兵としての前者は、「目前の敵を撃て」「我の行く道は正しく希望に満ちたものとして喜んで敢闘する事」と教え、「我が行く道は常に正し、この艱難を突破するのが自分の道だ」と教訓を垂れる。片や、在校生代表は、「平生の勉学鍛錬を祖国の道に生かすべきとき」の到来を栄誉とし、「大東亜共栄圏確立、米英撃滅へ一路邁進されよ」と激励している。学徒出陣という緊急状況下で、あたかも思考停止状態を示すかのように相矛盾した独善的な言葉と、空虚な強がりとしての滅私奉公とが連ねられる。戦争とは、学徒の理性をも狂わせる媚薬であることを示している。塩尻はこうした状況を苦々しく、否、悲劇として捉えていたと思われる。

2つは、塩尻は、「壮行激励の辞」においてさえ、学徒たちの真の生甲斐は何であるか、生きる目的は何かを示そうとしていることである。
　すなわち塩尻は、「微々たる此の一生と雖も永遠と対置してその生甲斐を考え（よ）」、「大東亜共栄圏の完成」よりも「より高きより永遠なる目的のために身を捧げ（よ）」、「自分は…諸君が武運芽出たく凱旋して戦場に於ける貴重なる体験を生かして学問其他指導的なる仕事に再び精進せられんことを熱望する」こと、しかしながら、「今出陣せんとするに当っては此の千載一遇の機会を捉えて、若き命を賭して…真に全体のために死に得るような美しき人間を練成するために骨折って欲しい」と要望している。
　塩尻は、他の人々は「米英の撃滅」のために「生死を超越」して「戦に臨む」べきとか、「大東亜共栄圏の完成」とか威勢のよい戦陣訓を叫んでいるが、自分は「自分と同じような弱く低き心境を持てる人々」に対して言いたいという。ここには、自分自身を表に出しながら「弱く低き心境を持てる人々」に対して配慮していることと、実は、そうした人々が殆んど絶対多数であることを見越して、彼らの本心を代弁するという意図が隠されていると読み取るべきであろう。
　そして塩尻は、次のように言う。生涯をかけて追求すべき人間の至高の生甲斐は何かを考えよ、それは「米英の撃滅」でも「大東亜共栄圏の完成」でもないであろう、今、諸君は止むを得ず出陣しなければならないが、どうか生きて帰って再び学問其他指導的なる仕事に精進して欲しい、それこそが「我々にとっては喜んで国家のために死ぬこと、全体のために死ぬこと、その事自体が実に美しいことなのであり、死を賭することに足りることである」のだ、と。
　3つは、レトリックを使用して、どうか生きて帰って欲しいと熱願していることである。この場合も塩尻は、満一歳になるわが子を例にして、無私の親心を吐露するという手法を工夫している。
　塩尻はまず、わが子が「心の大きい、人を愛し仕事を愛する人間に成長して」欲しい、と願う。そして、もしこの子が「我利我利亡者となったり卑怯者になったり」するならば、「如何にがっかりすることであろう」という。
　次に塩尻は、「この大切なる子供を今日戦場に送るとすれば、自分は果して

第2章 "よく生きること"についての人間学―青年学徒に与えた塩尻公明の言葉― 89

何を望むであろうか。正直なところ、出来得べくんば生きて帰って自分のなり得なかった立派な学者になって貰いたい」と希望する。しかしながら、「卑怯な振舞いをして貰いたくはない。立派な死に方をしたと聞いたならば、若き命を惜んで泣くであろうが、同時に、大切に育てた甲斐があったと喜びにむせぶであろう」とも宣言する。

その後塩尻は、親心の真髄とその共通性とを次のように説く。

「玉の如くに育てた子供に対して親として熱望する望みこそ恐らく人間として最も正しい望みであろうと思う。これと同じことを自分は諸君に向っても言う他はないのである。」

そして最後に、次のように願う。

「諸君が武運めでたく生きて帰らんことを神かけて祈ろう。然し散らねばならぬ時には美しく花の如くに散って貰いたい。」

"散らねばならぬ時には散らねばならないが、でき得れば、生きて帰ってきて欲しい。これが子を持つ親たちの本心である！"これが塩尻の学徒出陣における激励の言葉であった。

この言葉は、何と親の本心を正直に告白した言葉であったろうか。また、学徒出陣学生たちのみならず、在校生たちにとって、何と心に滲みる言葉であったであろうか。だが当時にあっては、この主張は同時に、何と危険極まりない言葉であったろうか。それでなくても塩尻は、その思想のゆえに、「赤化容共塩尻不公明」と便所の壁に書かれたり、「塩尻先生は天皇機関説！」と声高に批判されたりしており、また、かなり以前から特高警察にマークされ、幾度か事情聴取も受けていた身であったのである[29]。

後日塩尻は、この文章は表現の制約の中で、最愛のわが子に絡めて学生たちへの思いを抑えつつ素直に書いたのであるが、それにもかかわらず、自分を批判する抗議が幾つか寄せられた、と回顧している[30]。狂気の時代で、しかも好戦的熱病の蔓延した社会で、正論を発表することが如何に勇気を必要としたことであるかを語っている。

3 「文科1年を工場へ送る言葉」

（1）　塩尻公明の学徒を工場へ送る言葉──よく生きることは、よく死すること──
「文科1年を工場へ送る言葉」（以下、「送る言葉」という。）は、生徒指導主事を兼務していた塩尻が、太平洋戦争の敗戦が決定的になった1945（昭和20）年1月14日に脱稿して、学徒勤労動員として動員されることになった高知高校の1年生たちを工場へ送り出す際に行った挨拶文である。
「送る言葉」は1945年1月に学生たちに話されたのであるが、その原稿が同月発行の『高知高等学校報国団報』に収録された。しかし、この短い文章も、前の「激励の辞」と同じく、塩尻の著書の何処にも収録されていない。そこで以下に、その全文を掲載することにし、若干の解説と考察を付すことにしたい。

「文科1年を工場へ送る言葉」

「先日綜合研修会を了（お）えてあと、反省及び慰労の会を行い、研修会の一々の内容に就いて互いに批評したり感想を述べたりしたが、その帰り途に田中教授と話合ったことは、今度の会で1年生の中に色々の方面に伸びて行くであろう有望な人達の居ることがわかったが、この調子でもう2年間勉強を続けさせ、その成長を眺めることが出来たら、どんなに楽しいことであろうか、ということであった。併し乍ら言う迄もなく、それは一応の感傷を述べたに過ぎぬのであって、現在を受取る正しき受取り方ではないのである。我々は昔の高等学校で出来たことを、そして今の高等学校では出来ないことを、如何に繰返して慨（なげ）いても始まらないのである。今の高等学校でなくては出来ないことを、今だからこそ出来ることのみを、力の限り活かして行かなくてはならないのである。昔と同じように沢山の本を読み、ゆっくり思索しようと思ってもそれは出来ない。然し今はどんなに鈍感な者でも生死の問題にぎりぎりに当面せざるを得ない立場に置かれて居り、又工場の労働を通じて心身の生活全体の実地に即した鍛錬を行うということが出来、又直接に国家の危急に対して献身するということが出来る。又乏しき時間を活用して如何に読書し反省するかに就いて昔の学生の有たなかった悩みと苦闘とをもち、従ってまたそのための真剣なる戦いを天地に向って誇り得るということが出来る。
諸君がこれから工場に行くとき、色々の生活上の危機に遭遇することになるであ

第2章 "よく生きること"についての人間学―青年学徒に与えた塩尻公明の言葉― 91

ろう。国家の危急なる戦局のために確かに役立つと自他共に確信し得るような仕事が運よく割当てられた時には、その意義を身に感じて労働に精を出すということも割合に容易であろう。然し雑駁な不熟練労働の役割を割当てられるとき、それも手持ちの時間が多かったり仕事が不規則であったりするとき、如何にも時間の浪費が感じられ生活が乱れて来る惧れがあるであろう。これに如何に対処するかは実に困難な問題であって、徒(いたずら)に不平をもったり又そういう時間を虻蜂取(あぶはちと)らずに過(すご)すという事は、何よりも先ず自分自身をこわすことになるのである。勿論会社側としては、学徒に最も適切有効な仕事を割当てることと、事情の許す限り豊かな食糧を与えるように心を配ることは、生産力増強のために彼等の尽すべき第一の義務であろう。又いわば第三者の立場にある我々監督教官としては、一方に於ては其等の諸点に就いて会社に必要なる忠告を与えると共に、他方には生徒の生活規律を乱さないように力(つと)めるという事が、国家に対する義務であろう。然し生徒諸君としては、如何なる場合にも、それに対処して自己の最善を尽すべき心構えが常に必要である。それは単に諸君の国家に対する義務であるのみならず、つまらない仕事だからと云って誠意を失い、だらだらと暮すことは、諸君の人格そのものを退廃せしめ破壊することとなるのである。

　素質もあり教養もある立派な青年が単純な素朴な仕事を真面目に遂行しているのを見るとき、而(しか)もその心情が国家への奉仕という最も高いものから出ているのを見るとき、その美しさは却って愈々(いよいよ)輝かしく感じられる。諸君の先輩の中にも外形は土工(どこう)と同じいやしい肉体労働に従事し乍ら、その精神の美しさに依って無条件に自分を感激せしめた実例もいくつかあるのである。綜合研修会のような行事を行ってみると、諸君は年こそまだ若いが、矢張り夫々に我々大人も及ばぬような優れた天賦の長所や能力を既にほのめかしていることに気付く。然し乍ら、工場へ行って生徒諸君の生活振りや労働振りを見ていると、教室では決して気付かなかったような諸君の身についた実力的な美徳を見出すことがある。以て六尺の遺孤(いこ)を託するに足る、といったようなその人の全人格に対する信頼は、学問や才能だけ見ていてはわからず、却って勤労作業のような身を以てする労働の場合によく看取できるのである。諸君は低いいやしい仕事だからとておろそかにせず、精神の美しさを以て逆にそれを輝かして欲しいものである。

　我々の同僚の中にも学問すべき貴重な時間を犠牲にしてせっせと忠実に些末な事務を果している人がある。戦局危急の際にも一切を措いて学問に精進することが自己の使命であり国家に最もよく報ずる所以である、と学徒はよく言う。その言葉はよい。又真にそう信じてやっているなら彼の生活も美しいのであるが、ただ我々凡人としては、これは中々に警戒を要する点であって、若しも朝から晩まで勉強し幾冊も幾冊も書物を書いてゆくとしても、それが自己の名誉や経済的利益を目標とし

ているならば、忠実な事務家とは比べものにならぬ俗臭悪臭を感ぜざるを得ないのである。
　諸君のうちの少なからぬ者が工場から直ちに兵営に向わねばならぬであろう。生死の問題の解決は非常に困難な問題のようであるが、又一面にはこんなにもやさしいものか、と思われるような面をもっていると思う。それは決死ということの経験をもったことのある人は誰しも感ずることであろうし、諸君もやがて一躍にしてその境地に突入することが出来るであろうと信ずる。又決死を経験しないものからみれば、決死ということが如何にも悲壮なものであるかの如く感じられるのであろうが、真に決死になってしまえば、それは寧ろ明朗な、笑談でも盛んにとばしたいような気持であることは、些細な私の経験から考えても充分に想像できることである。充分な余白があれば、古来人間が如何なる方法を以て生死を超えることが出来たか、その方法の主要なる類型と特質とをしらべてみることは有益であるが、今はそれを措く。ただ一つ言って置きたいことは、よく死するということと同じく、或はそれ以上に、よく生きるという事は困難であって、後者も亦決死の覚悟を要求するということである。諸君が工場生活に入って、その中で、時間の不足や疲労や懐疑などに善処しつつ、よく働きよく考えよく勉強するということ、正しくまともなる気持を以てそれを成すということは、真剣に考えれば無限に困難な課題なのである。この課題と真剣に戦うことは自ら決死ということの練磨となるであろう。よく生きるために全身をあげて対処している、この同じこゝを以て死に対処すればよい、という事をいつの間にか自ら自得してくるであろう。よく死するということは寧ろこれよりも易しい、という気持にすらなるであろう。
　以上を要するに、工場の生活は、単に諸君にとって止むを得ざる犠牲であるのではなくして寧ろ諸君を玉成するための千載一遇の好機なのである。この心構えを以て勇躍して工場生活に推発せられんことを希望するものである。」[31]

（2）「送る言葉」の考察

　繰り返しになると思われるが、以下では、「送る言葉」の要旨とその意義をまとめることにする。
　学徒勤労動員は、戦局悪化に伴って取られた措置であったが、再度、その経緯を確認しておこう。
　政府は、1944年3月に「決戦非常措置要綱ニ基ク学徒動員実施要綱」を閣議決定し、学徒全員を工場配置することにし、さらに1945年には「決戦教育措置要綱」を決定し、一年の授業停止による学徒勤労総動員体制をとった。先

の「送る言葉」は、おそらく閣議決定に伴って実施されることになった高等学校生の工場配置としての措置であった。

塩尻の挨拶の趣旨は次の点にあった。

1つは、1年で学業を中止して、勤労学徒として工場で働かなければならなくなった学生たちに対して、教師としての同情と残念さとを告白していることである。できれば「この調子でもう2年間勉強を続けさせ、その成長を眺めることが出来たら、どんなに楽しいことであろうか」と。

「色々の方面」で活躍できる人材であるのに、学業を中断して工場で働かなければならない学生たちに対して同情するとともに、学業を続けさせてあげることのできない状況を申しわけなく思い、詫びているのである。

2つは、過去を羨（うらや）んだり現状を嘆いていても始まらないこと、今となっては「今の高等学校でなくては出来ないことを、今だからこそ出来ることのみを、力の限り活かして行かなくてはならない」というのである。できる範囲内で、できる限り最大限の努力を尽して欲しい、というのである。

具体的には、「工場の労働を通じて心身の生活全体の実地に即した鍛錬を行うということが出来、又直接に国家の危急に対して献身するということが出来る。又乏しき時間を活用して如何に読書し反省するかに就いて昔の学生の有たなかった悩みと苦闘とをもち、従ってまたそのための真剣なる戦いを天地に向って誇り得るということが出来る」と提言する。

制約された条件の下でも、恵まれていない条件の下でも、最善を尽くすことの大切さ、塩尻のいうところの60％主義、否、30％主義ですら、可能な限りの努力を積み重ねよ、ということである。

3つは、工場勤務において学生たちが遭遇する危機についての心構えと対処方法とを説いていることである。

例えば、学生たちが遭遇する予想される問題として、工場で割り当てられる仕事に意義を見出せる場合には精を出すことも容易であるとしても、そうでない場合にはやる気も出ず、時間の浪費と思われ、生活を乱す心配がある。それまで監督教官として工場を訪問した経験から、こうした事実を十分に承知していた塩尻は、「これに如何に対処するかは実に困難な問題であって、徒（いたずら）に不

平をもったり又そういう時間を虻蜂(あぶはち)取らずに過(すご)すという事は、何よりも先ず自分自身をこわすことになるのである」と、自戒すべきことを提示し、どのような種類の仕事であれ、真剣に取り組むように求めている。塩尻は、彼の持論である「何事にも真剣に取り組むべきこと」の大切さと、「逃げないで、すべてよく受取ること」の効用とを述べているのである。

4つは、工場（会社）側と監督教官たちとの責務の遂行をも指摘しているということである。塩尻は学生たちに工場労働を課す以上、工場も監督教官もその責務を適切に果すべきであると言っているのである。

工場（会社）については「学徒に最も適切有効な仕事を割当てることと、事情の許す限り豊かな食糧を与えるように心を配ることは、生産力増強のために彼等の尽すべき第一の義務であろう」と述べている。

塩尻が敢えてこのようなことを言った背景には、工場が学生たちに不当で不適切な仕事を割当てたり、学生たちに割り当てられるはずの食糧をカットしたりしていた工場と工場管理者があったことを、自分の工場訪問経験で知っていたからであった。

また塩尻が同僚教官たちに対しては、「我々監督教官としては、一方に於ては其等の諸点に就いて会社に必要なる忠告を与えると共に、他方には生徒の生活規律を乱さないように力(つと)めるという事が、国家に対する義務であろう」とも釘を刺している。

この発言は、1つには、工場監督とは名ばかりで、儀礼的に工場を訪問しても学生たちの実態を見ようとしなかったり、工場も訪問しないで接待されたり観光したりして帰ってくる教官がいること、2つには、学問研究を公言して、監督教官としての任務を果さない教官がいることを承知していて、意図的に指摘したものと推測できる。もちろん前者は言語道断であるが、この「送る言葉」では塩尻は、後者についても警戒を要する、と注意を喚起している。それが、「(学問に精進することが自己の使命であり国家に最もよく報ずる所以である、と学徒はよく言う。）その言葉はよい。又真にそう信じてやっているなら彼の生活も美しいのであるが、ただ我々凡人としては、これは中々に警戒を要する点であって、若しも朝から晩まで勉強し幾冊も幾冊も書物を書いてゆくとしても、

それが自己の名誉や経済的利益を目標としているならば、忠実な事務家とは比べものにならぬ俗臭悪臭を感ぜざるを得ないのである」という指摘、である。

塩尻は、「学問に精進することが自己の使命であり国家に最もよく報ずる所以である」と言いながら、監督教官としての任務を果たさない教官たちが、実際には、学問に精進せず研究成果をも残さない場合が多々あること、また仮令研究成果を上げた場合でも、それが自己の名誉や経済的利益を目標としている場合が少なくないことを批判しているのである。

いつの時代にも、都合のよい口実を設けて、自分の職務を回避したりサボタージュしようとする輩がいることは常であるが、塩尻はそうした輩の存在することを十分に承知していて、それらの輩に批判の刃を向けたのであった。

5つは、学生たちに対しては、如何なる場合にも自己の最善を尽くすことの心構えが必要なことの大切さを強調していることである。

塩尻は、学生たちに対して「如何なる場合にも、それに対処して自己の最善を尽すべき心構えが常に必要である。それは単に諸君の国家に対する義務であるのみならず、つまらない仕事だからと云って誠意を失い、だらだらと暮すことは、諸君の人格そのものを退廃せしめ破壊することとなるのである」と言っている。つまり塩尻は、「如何なる場合にも自己の最善を尽くすこと」は、自己の人格の成長のためにも益することがある、と言っているのである。

ここには、「常に自分に誠実であれ」とか、「理想主義者に不幸はありえない。あらゆる事件がみな成長の糧となるのであるから」とか、「マイナスの教育力に対する感受性をみがくことによって人生の秘義に通じ得る」といった塩尻思想の中核に通じる主張が見られる[32]。

6つは、「生死の問題の解決は非常に困難な問題」であるが、案外やさしいと思われる面をもっているというのである。これには、若干の注釈を必要としよう。

当の学生たちは、今は学徒勤労動員であるが、それでも、いつ何時、工場が爆撃を受けて死を覚悟しなければならないかもしれない状況下に置かれる心配があった。それのみならず、戦局の更なる悪化によっては、学徒動員として出征しなければならない局面も考えられた。すでに1943年11月から学徒出陣

が実施されており、いつ何時、徴兵されるかもしれないという問題状況であった。しかし出陣や徴兵は、冒頭に見たように「生等もとより生還を期せず」ということであったから、生死の問題、とりわけ死の恐怖をどう克服するかという問題が学生たちの頭から離れなかった。そのことを感じ取っていた塩尻は、学徒勤労動員として工場へ送られる学生たちの心中にある"死とどう対決するか"という問題に対して、その対処方法を語ったのである。実は、"死とどう対決するか"は、塩尻が青年期に対決した経験済みの問題でもあった。

　この問題に対する塩尻の結論は、「よく生きること」が「よく死すること」である、であった。このことを塩尻は、「よく死するということと同じく、或はそれ以上に、よく生きるという事は困難であって、後者も亦決死の覚悟を要求するということである」と言っている。そして、学生たちの工場生活についていえば、「諸君が工場生活に入って、その中で、時間の不足や疲労や懐疑などに善処しつつ、よく働きよく考えよく勉強するということ、正しくまともなる気持を以てそれを成すということは、真剣に考えれば無限に困難な課題なのである。この課題と真剣に戦うことは自ら決死ということの練磨となるであろう。よく生きるために全身をあげて対処している、この同じこころを以て死に対処すればよい」のだ、と説明する。

　このように考えてくると、「工場の生活は、単に諸君にとって止むを得ざる犠牲であるのではなくして寧ろ諸君を玉成するための千載一遇の好機なのである」と考えることができる、というのである。

4　塩尻公明の言葉の真意

（1）　塩尻の主張の核心

　以上、旧制高知高等学校の一教師であった塩尻公明が、戦局極めて悪化した太平洋戦争の末期に、学徒出陣する学生たちに与えた「激励の辞」と、学徒勤労動員に行く学生たちに与えた「送る言葉」とを分析し、彼が何を伝えようとしたか、その言葉の真意は何であったかを考察してきた。ここで、塩尻が言い

たかったことの意義を、再度、整理しておきたい。

　塩尻は、学徒出陣や学徒勤労動員を歓迎しているのでは決してなかった。不本意ではあるが、止むを得ない状況下で、学生たちを戦場や工場へ送り出さざるをえなかった。その苦痛たるや、いかばかりであったであろうか。おそらくその苦痛は、他の教官たちも共通のものであったであろう。同情すべき事情があったと言わなければならないであろう。

　しかしながら、その同じ状況下でありながら、塩尻の言葉は他の教官のそれらとは違っていた。塩尻にしても、厳しい制約の下にあったに違いない。それにもかかわらず、塩尻は言葉を選び、レトリックを使い、真意を伝えようと努力したように思われる。

　塩尻の主張の核心を、一言で要約すれば、「激励の辞」では、"出陣学生たちよ、生きて帰ってきて欲しい"ということであり、「送る言葉」では、"よく生きることこそ、よく死することだ"ということであった。なぜ塩尻は、危険をも顧みず、そのように書き、また言ったのであろうか。

（2）　塩尻の言葉の底流にあったもの

　それについては、幾つかの要素が考えられる。次にこれを整理してみよう。

　第1に、塩尻が、言葉の真の意味において、人格主義者で平和主義者であったことによる。すなわち塩尻は、もともと無謀な戦争や侵略戦争に反対であった。まして正義の理由を見出せない戦争において日本の敗戦は開戦直後から明白必至であり、そのような戦いに学徒まで出陣させたり、工場労働に動員したりすることには絶対に反対であったということである。

　第2に、塩尻は、学生たちが本来果たすべき目標は、学問研究や指導的な仕事を通して、すべての人々の人格の完成とすべての人々の幸福の達成とに奉仕することであると考えていたからである。政府や軍部が叫んでいるような、米英を撃滅したり、大東亜共栄圏を建設したりするようなものではなかった。

　第3に、わが子の存在をも通して、最愛の子どもに戦死されることはすべての親と家族にとっては最大の悲しみであり、この悲しみは他の何ものを以てしても償い得ないものであるということを痛感していたからである。当時にあっ

ても"生きて帰れ"は、変わることのない親としての心底からの叫びであった。

　第4に、塩尻が自分の主義主張に忠実であり、言行一致主義を旨とする人間（注・以上は、人格主義者の重要な要素である）であったからである。加えて塩尻は、身の危険をも顧みず断固として、自己の信念と考えとを表現する勇気をもっていたから、ということである。誤った政治的指導や狂気じみた時流に流されず、いつも自己の識見を堅持していたから、と言ってもよいであろう。

　第5に、塩尻は歴史の進歩の運行についてのしっかりした展望を理解していたから、ということである。塩尻は、人間性の普遍的永久的要素と時代的社会的要素について、万巻の読書と緻密で周到な研究とを通して、長期的な政治的社会的制度の運行と発展とを見通していたということである。それゆえに塩尻は、日本の政治的社会的変革の必然性を予言していて、日本の将来を若き人々、とりわけ青年学徒の活躍に期待していたということである。

　以上が、塩尻に"出陣学生たちよ、生きて帰ってきて欲しい"、"よく生きることこそ、よく死することだ"と言わしめた要素であったと思われる。

おわりに

　戦局悪化の状況下における塩尻公明の2つの小さな言葉、すなわち、教え子を出陣させる際の「激励の辞」と、同じく教え子を工場労働に送り出す時の言葉、を取り上げ、そこに込められた塩尻の真意を探ってきた。塩尻の主張の核心は、"出陣学生たちよ、生きて帰ってきて欲しい"、"勤労学徒たちよ、よく生きることこそ、よく死することだ"であった。当時としては、生命を賭した言葉であったと思われる。その勇気に敬服する。しかし、そこにこそ、人格主義者、理想主義者、個人主義者（個人の尊厳を最重視する人）、平和主義者であった塩尻公明の思想の真髄と生きざまとが込められていた、と考えられるのである。

第 2 章 "よく生きること"についての人間学―青年学徒に与えた塩尻公明の言葉―　99

注
1) 1943 年 10 月 21 日の学徒出陣壮行会における東京帝国大学文学部学生の江橋慎四郎による答辞の一節。「学徒動員」HP より。
2) 『高知高等学校報国団報―第一次出陣者壮行式特輯―』第 4 号、1944 年 2 月、2 ～ 3 頁。
3) 『高知高等学校報国団報』第 5 号、1945 年 1 月、19 ～ 22 頁。
4) 例えば、中谷彪『塩尻公明―求道者・学者の生涯と思想―』、同『受取るの一手―塩尻公明評伝―』（以上、大学教育出版、2012 年、2013 年）、同『塩尻公明評伝―旧制一高教授を断った学究的教育者―』（桜美林大学北東アジア総合研究所、2013 年）を参照されたい。
5) 中谷彪「塩尻公明先生に学んだこと」、西谷英昭・川西重忠編著『続・現代の学生に贈る』桜美林大学北東アジア総合研究所、2013 年、259 ～ 262 頁参照。
6) 藤谷俊雄「塩尻先生の想い出」『塩尻公明会便り』No.4、2 頁。
7) 鈴木登「心に残る恩師―人生の恩師塩尻公明先生―」『塩尻公明会便り』、第 3 号、2 頁。
8) 八波直則『私の慕南歌』雄津書房、1981 年、117 頁。
9) 谷原長生「塩尻先生の思い出」『塩尻公明会便り』第 4 号、13 頁。
10) 石黒一郎「戦中・戦後の高知高校時代の先生」『塩尻公明会便り』第 4 号、15 頁。
11) 中川淳「塩尻先生のことども―先生にお遇い出来て―」『塩尻公明会便り』第 9 号、13 ～ 14 頁。
12) 前掲『私の慕南歌』、116 頁。
13) 15 回文乙・鈴木登「思想のうねり」、前掲『自由の空に』、105 ～ 106 頁。
14) 前掲『自由の空に』、283 頁。
15) 前掲『自由の空に』、478 頁。
16) 木村久夫の思想については、塩尻公明『或る遺書について』新潮社、1948 年、中谷彪・関みさよ編　塩尻公明『或る遺書について』桜美林大学北東アジア総合研究所、2013 年を参照されたい。
17) 大学学部等ノ在学年限又ハ修業年限ノ臨時短縮ニ関スル件（昭和 16 年勅令第 924 号）、大学学部等ノ在学年限又ハ修業年限ノ昭和 16 年度臨時短縮ニ関スル件（昭和 16 年文部省令第 79 号）。在学徴集延期期間ノ臨時特例ニ関スル件（昭和 16 年陸軍省令第 43 号）、在学徴集延期期間ノ短縮ニ関スル件（昭和 16 年陸軍省、文部省令第 2 号）。
18) 大学学部等ノ在学年限又ハ修業年限ノ昭和 17 年度臨時短縮ニ関スル件（昭和 16 年文部省令第 81 号）。
19) 在学徴集延期臨時特例は、「兵役法第四十一条第四項ノ規定ニ依リ当分ノ内在学ノ事由ニ因ル徴集ノ延期ハ之ヲ行ハズ　附則　本令ハ公布ノ日ヨリ之ヲ施行ス」である。本令本則により、中学校、高等学校、師範学校、専門学校および大学に在学する者に対する徴集猶予措置（兵役法（昭和 2 年法律第 47 号）41 条 1 項）は停止された。

20) 春田誠郎「壮行記―友斯くて征けり―」『高知高等学校報国団報―第一次出陣者壮行式特輯―』第 4 号、1944 年 2 月、2～6 頁。
21) 同前、7 頁。
22) 「戦争是認論または戦争肯定論」に立つ思想家たちとして指摘されている人々の発言を二、三挙げておこう。

　その 1 は、小泉信三である。当時、慶應義塾大学塾長であった小泉が 1938（昭和 12）年 10 月に、学生たちに以下のように告げている。

　「支那事変の破壊以来早くも殆ど百日の日は過ぎた。戦いは盛夏に起こり、今は秋すでに長けた。この間に報道せられた我が将士勇戦の記録を今一々ここに繰り返すことは出来ぬ。如何にして忠烈なる兵士に奉ずべきか。他なし。将兵の労苦と犠牲とをわれわれは決して無駄にさせぬという覚悟ただ一つのみ。

　日支両国はついに戦った。ひと誰か平和を愛せざらん。誰か隣国との親交を希わざらん。今日まで日支問題の解決については、多くの人に多くの意見が有ったであろう。かくいう私ごときも、如何にかして平和の途は見出されぬものかと、愚存及ばずながらもひそかに苦慮し、また識者の説をただしたこともある。しかし一切の努力は無効に終わり、矢はすでに弦を離れて、戦局は日支両国の前面に拡大した。一切の主義、一切の言説、今においてはことごとく無効である。戦いは戦いの論理を辿る。戦いはただ戦いによって解決しなければならぬ。われわれに残されたる途は唯一つ。徹底的打撃によって敵国の意力を挫き、しかる後において新たに平和の途を講ずることこれのみである。

　日支両国の和親はただわが完全なる戦勝の暁に始めて講ずべき問題となる。これは悲しむべきことであろう。しかし我々には今となってはこれ以外に途はない。」（川西重忠『断乎たる精神　河合栄治郎』桜美林大学北東アジア総合研究所、2013 年、pp.126～127 より引用）。

　その 2 は、西田幾多郎である。大塩平八郎は、西田は 1940 年に発表した『日本文化の問題』（岩波書店）のなかで、「祖国の危機に殉じることが青年の最高の生き方である」と説き、侵略戦争を肯定し、この「侵略戦争に身を投じる」ことを青年学徒に勧めた、と指摘している。（大崎平八郎『新版　戦中派からの遺言』こぶし書房、2005 年、105 頁。但し、筆者は、西田の同書に該当箇所を見つけることはできなかった）。

　その 3 は、河合栄治郎である。河合は、東大経済学部内の派閥争いの中で、当初は大内兵衛らのマルクス主義派と対峙し、後に土方成美の国家主義派（革新派）と対峙し、1939 年の平賀粛学によって休職処分を受けるのであるが、ファシズム批判の論陣を張ることにおいて注目を浴びた。例えば「5・15 事件の批判」（『文芸春秋』1933 年 11 月 11 日号）や『ファッシズム批判』（日本評論社、1934 年 12 月）や「2・26 事件の批判」（『帝国大学新聞』、1936 年 3 月 9 日号）等である。しかし、この頃から河合の変節（筆者は、河合思想の本質が露呈したと考えている）が現出してくる。それを示すのが河合の「日支問題論」

(『中央公論』、1937 年 11 月号)である。同論文で、河合は「満州事変を如何に批判するかは、支那事変を批判するに際しての決定的の関鍵である。私は満州事変を以て止むをえざる事件として、それに承認を与えるものである、之が私の事変に対する態度の前提とならねばならない」(『河合栄治郎全集』第 19 巻、336 頁)と述べ、満州事変を肯定している。

河合は、1937(昭和 12)年 12 月 26 日から 1938(昭和 13)年 1 月 10 日迄の 2 週間、日本が占領した済南をはじめ、北支を視察するが、その後彼は、満州建国も支那事変(日中戦争)をも肯定する主張を展開するようになる。視察後の「時局・大学・教授」(『日本評論』1938 年 4 月号)では、次のように書くに至る。

「支那事変がいかに発生したかに就いては、各人夫々の解釈があろう。然し事変は既に発生したのである。…既に発生した以上は、…貫徹する外はない。…国民多数の信頼する内閣により事変が宣告されたのであり、更に戦時予算の協賛に対しては吾々国民の選挙したる代議士が満場一致を以て政府を支持したのである。かかる合法的の手続きを経過したる場合には、仮に一歩を譲って事変自体に独自の意見を抱くものと雖も戦局に対し熱情を以て終始することは、立憲国民の義務でなければならないと思う。…若し事態が極東大戦にまで発展して、私の祖国に致す路が他にないならば、私は進んで従軍を志願して喜んで戦場に仆れんとする覚悟を持つものであ(る)。…人は私の以上のような態度を見て、自由主義者たる私の矛盾であるかの如く思うかも知れない。然しそのことがいかに人の自由主義に対する理論の浅薄であるかを物語るものに外ならない。」(『河合栄治郎全集』第 19 巻、161〜165 頁)

つまり河合は、「国民多数の信頼する内閣により事変が宣告された」こと、さらに「我々国民の選挙した代議士が満場一致を持って政府を支持した」こと、「かかる合法的の手続きを経過したる場合には、…事変自体に独自の意見を抱くものといえども戦局に対し熱情を持って終始することは、立憲国民の義務でなければならない」と言う。しかし、これは形式的議会主義的理解であり、自己の価値基準を放棄した考え方である。政府の決定であれ、議会の決定であれ、国民は主体的に自己の価値判断と意思に基づいて反対する権利を持つはずである。

河合は 1941 年 6 月に『国民に愬う』を脱稿している。河合は、同書の「はしがき」で次のように書いている。

「我々は昭和 6 年の満州事変に於て、今日に至る第一歩を踏み出した。昭和 12 年の支那事変に於て第二歩を、さらに昨今の日独伊軍事同盟に於て第三歩を踏み出した。今日のような危機がやがて来るであろうとは、少しく常識を解するものならば、十年以前に予測することが出来たのである。然し我々が好もうが好むまいが、我々は既に第一歩、第二歩、第三歩を踏み出した。そして今や我々国民は動きの付かない現在の状態に自らを投じたのである。いかにしてかかる状態に至ったかは、今日我々の議論すべき限りではない。我々は過去を顧みて死児の齢を数えるような愚を為してはならない。いつ誰が何を始めたにもせ

よ、結局は我々一億全国民の共同の責任である。…祖国の運命に対して、奮然として起つことの出来ない国民は、道徳的の無能力者である。」(河合栄治郎全集第14巻、281〜282頁)。

　ここでの河合の「道徳的」基準は、明らかに体制順応論、戦争承認肯定論であり、それはまた戦後において権力者が高唱した共同責任論、一億総責任論と軌を一(いっ)にしている。

23)　春田誠郎「壮行記—友斯くて征けり—」『高知高等学校報国団報—第一次出陣者壮行式特輯—』第4号、1944年2月、2〜3頁。
24)　同前、1頁。
25)　同前、3頁。
26)　同前、6頁。
27)　同前、7頁。
28)　同前、7頁。
29)　例えば塩尻は、「一、二の右翼学生は此の（注・講義用）プリントを県の特高課に届けに行き、また学生の或る者は校内の便所の天井に深く『赤化容共塩尻不公明』とほりつけ」た、と書いている。詳細は、前掲『塩尻公明—求道者・学者の生涯と思想—』、125〜127頁、同『受取るの一手』、82〜84頁、同『塩尻公明評伝』、88〜97頁を参照されたい。
30)　前掲『塩尻公明評伝』、88〜97頁、とりわけ96頁を参照されたい。
31)　塩尻公明「文科1年を工場へ送る言葉」『高知高等学校報国団報』第5号、1945年1月、19〜22頁。同稿は、20.1.14.夜の脱稿である。
32)　取り敢えず、注4)の文献を参照されたい。

(2013.8.3増補)

第3章

法と道徳と生き方の人間学
―塩尻公明における遵法精神―

はじめに

　塩尻公明はその学問上の守備範囲があまりにも広範であったところから、人物辞典では、経済学者、哲学者、倫理学者、教育学者、宗教家、社会思想家、人生論者、随筆家等々の部類に入れられたりしている。しかし塩尻は、元々、東京帝国大学法学部政治学科の出身で、旧制高知高校の教授時代は法制・経済を担当する教師であったし、新制の神戸大学教育学部では社会科講座の法政担当の教授であったことが示しているように、その専攻の本籍は政治学であり、彼自身は政治学者であった。

　本稿では、人格主義の至高の目的である「すべての人々の人間成長と幸福」との達成を目標として生きるために共通の課題のうち、塩尻がとりわけ重要と考えた2つの問題、すなわち『政治と教育』[1]で論じた政治と法律の問題、及び『青年と倫理』[2]で論じた権利と義務の問題について論じた文章を素材として、彼の遵法精神とその今日的意義とを考究することにしたい。

　ただし、前の塩尻の2つの文章は、直接的には教師や青年たちを対象として論述されたものである。しかし、それらが一般国民にも等しく適用できるものであることは、言うまでもないことである。

1　政治と法律

（1）政治と法律について考える
〈政治と法律を考える際の留意点〉

塩尻は、教師たちの研究会での講演「政治と教育」で、日本人一般、特に教師たちが政治と法律とについて考えるときに用心しなくてはならない心構えを次のように記している。

> 「日本人一般がそうであるが、特に我々教師仲間は、長く深い伝統に依って、国家権力の行う政治と、政治の用具としての法律とを、無条件に受取るべき神聖な規範であるかのように、乃至は不可避的に承認しなくてはならない自然的制約であるかのように、跪拝して受取ろうとするくせからなお充分にぬけ出てはいない。凡ての国民の成長と幸福とのために適切な内容と形式とをもつものであるように、我々自身がたえず注意して改善してゆかなくてはならない人工的な用具として、法律と政治とを考える考え方に習熟していない。我々は我々自身の責任に於て、たえず政治と法律とを改善してゆこうとすることこそ、我々の道徳的義務の重要なる一部をなすものであるということを忘れてはならない。
>
> 　言うまでもなく我々教師は、一面に於て、国民の一人として、国家権力の行う政治とその用具としての法律とに対して、忠実に服従しなくてはならない義務を負うている。また、凡そ我々人間にとって政治と法律とは何故になくてはならぬものであるか、国家出現の必然性は何処にあるか、何故我々は時として国家のためには進んで命を捧げなくてはならないか、階級なき社会に於ける国家の必然的消滅を主張するマルクス的国家論の主張はいかなる意味に於て真理性を含み、また如何なる意味に於ては当たっていないと言えるのであるか、というようなことについては、人生と社会とに関する根本問題の一つとして、その専攻する学科の如何を問わず、凡ゆる教師が素朴ながらも、自己自身の身についた見解をもっていなくてはならない問題であると思う。また我々教師は、現実の政治と現実法との所期する目的を達成させるために、自己の当然に引受けなくてはならない役割をもち、それを忠実に果たすことを以て直接的な重要な道徳的義務とせねばならないことがある。例えば画期的な詩らしい政治形式や新たに制定された法律についての理解を次代の国民に与えることが、凡ての国民の幸福と社会進化とにとって欠くべからざる必要となることがある。政治と法律とがその本来の目的に忠実である限り、これらに対して受動的にも能動的にも忠実であることは、人間としてまた国民の一人としての教師に

とって当然の義務であると言わねばならない。」[3]

　以上のように塩尻は、政治と法律とについて考えるに当たって、国民と教師とが留意すべきいくつかの道徳的義務を指摘しながらも、特に教師については次のように忠告している。

　　「然し乍ら、一般に政治と法律との必要性を如何に承認しても、また現実の政治と現実法とを助成するために教師としてつくすべき義務のあることをいかに承認するとしても、それ故に現実の政治と現実法とのそのまゝを無条件に礼拝しなくてはならないということにはならない。むしろそれ故にこそ、たえざる批判と註文とを忘れてはならない。たゞその批判と註文とを、いかなる形式で、またいかなる程度まで、生徒たちの前に提示するかは、生徒たちの年齢段階に応じて考慮しなくてはならない実際問題である、というにすぎない。」[4]

　教師が教育現場で現実の政治と現実法とについて批判・註文する場合には、生徒たちの年齢段階を考慮して行なわければならない、ということである。また、「すぎない」という表現からは、批判と註文とをすることを積極的かつ肯定的に捉えていることが窺える[5]。

〈悪法に服従することは正しくない〉
　次に塩尻は、政治と法律に対する無条件の礼拝から教師を脱却させるために、正しき遵法精神とはいかなるものであるかについて述べる。まず塩尻は、次のようにいう。

　　「悪法と雖も法であると言い、悪法といえども忠実にこれに服従することが愛国的であるということは、一部の人々の間に深くしみこんでいる考え方である。ソクラテスは不当の判決であることを確信し乍ら、国法の命ずるところに忠実であるために、自ら進んで毒杯を仰いだ。彼が自己の所信を実行するために死を選んだという事実そのものは賛美に値する事実である。これに依って彼の影響力は限りなく拡大せられ、ソクラテスは真理と正義との権化として長く我々の胸に生きることができた。然し乍ら、いかなる悪法と雖も国法である限りこれに服従することが善きことであり愛国的である、と考える考え方そのものは正当であるとは思われない。」[6]

塩尻は、悪法といえども忠実にこれに服従することが愛国的であるという考え方に疑問を呈する。それゆえに、悪法と雖も国法である限りこれに服従することを是として毒杯を仰いだソクラテスの行為を正当であるとは認めない。塩尻によれば、法律は我々にとってなくてはならぬものであるが、現実の法律に対しては、我々は常にそれが悪法でないかどうかを判定してかからなくてはならないこと、そしてそれが悪法である場合には、それに服従することがつねに当然によきことであるとは言えない、というのである[7]。

（2）善き法と悪法を判定する

〈検討すべき3つの条件〉

　それでは、善き法と悪法を判定する条件は何であるのか。これについて塩尻は、次のような条件を検討すべきであると提案する。

　第1は、その法が正当に構成された政治的権力によって制定されたものであるかどうかを検討しなくてはならない、という。塩尻は、その一例として次の事例を挙げている。

>「例えば民主国家に於て、クーデターに依って政権を奪取した一軍司令官とその幕僚との制定した法律が強制せられようとするとき、これに従順に服従することが善きことであるとは決してきまってはいない。」[8]

　これは、いわゆる制定権力の適切妥当性の問題である。

　第2は、法律制定の手続きが正当であったかどうかが検討されなくてはならないという。曰く。

>「仮に民主国家に於て正当に構成された議会の多数決に依って制定された法律であるとしても、その多数決が錯覚により或は買収に依って虚構されたものであるときには、かゝる法律に従うことがつねに善きことであるとは言えない。」[9]

　これは、いわゆる法律制定の手続きの合法性の問題である。

　第3は、その法律の規定内容が当然に法律として関与し得るような領域に関するものであるかどうかが検討されなければならないという。

「政治は社会的権力に依る外部的社会的生活の統制であり、法律は社会的力の強制するところの外部的社会的生活に関する規範的法則である。従ってそれらのものゝ関与し得るところの、また関与してもよいところの当然の領域が存在している。特定のイデオロギーを真理として信奉すべきことを強制し、特定のイデオロギーの研究や信奉を禁止し、或は人間性の自然的要請にもとるような結婚形式を強制するというような法律に対しては、これに服従することが当然に善きことであるとは言えない。」[10]

これは、いわゆる法律の内容の正当性の検討である。

塩尻は、以上の３つの検討事項を提出して、法律の合法性と内容の正当性とを検証すべし、というのである。そしてもしその法律が上記の条件を満たしていないとするならば、その悪法に対して従うことがそのまま愛国的であるとも道徳的善であるとも言えないというのである。

〈悪法に対する態度〉

それでは塩尻は、悪法に対してどのように対応すればよいというのであろうか。次のやや長い文章は、塩尻が「悪法に対処する対処の仕方」について述べたものであるが、「悪法に対処する」仕方についても「さまざまの個性的相違があってよい」ことを述べたものである。

「勿論その反対に、悪法に対しては必ず不従順であるべきだとか、必ず直接に反抗すべきだというような簡単な議論もできない。悪法に対していかなる態度をとるべきかは、その時の社会情勢の如何に依り、またその人の個人的能力境遇の如何に依って具体的に細目的に決定されなくてはならない。例えば国民の大多数者が餓にひんしてその救済に全力をあげなくてはならない時に、それとは無関係の些々たる悪法に対して反抗運動を起し、無益の摩擦を生ぜしめるようなことは妥当ではないと言うべきであろう。そのような場合には、悪法と知り乍ら当分それを甘受して、適当な機会にそれの改正をはかるということが賢明な策と言うべきであろう。また自己の天分と健康状態とが、芸術的な創作活動に全力を傾倒しなくてはならない必要があるときに、また幾人かの家族の生活が自己の創作活動に依って支えられているというときに、一つの悪法が出現したからと言って直ちに自己の不得意とする政治運動に参加して、他人の代替することのできない貴重な創作を犠牲にし、妻子をも路頭に迷わしめるということは、道徳的に正しいとは言えない場合が多いであろ

う。だが何れにせよ、悪法といえども必ずこれに従うことが国民として教師として愛国的な道であると言い得ないことだけは確実であると言わなくてはならない。
　否、更に進んで、自分の信ずるところに依れば、どの点から見ても間然するところのないよき法律ですら、特定の個人の特殊の場合については、この法律に違反することが道徳的に善きことであるという場合を生じうると思う。何故ならば、法律は要するに一般性をもつものであって、不特定多数の人々に対して一定の場合にかくせよ、かくすべからずということを命ずるものにすぎない。然るに道徳的命令は、特定の個人の事件に対して、朝目ざめた瞬間から夜眠る瞬間までの凡ゆる行為に対して、左すべきか右すべきかを命令し得る具体的細目的な浸透力を具えているものである。（具体的細目的であり乍ら、同時に、いかなる個人と雖も、そのような天賦と環境との中におかれる限り、全く同様に行為しなくてはならないという命令を与えうる点では普遍的な命令である。従って各個人が道徳的命令に従うことは、決して社会的無政府状態をもち来すものではない。）それ故、或る個人は、特殊の場合には、国家のよき法律をじゅうりんしたという汚名を甘受しても、前科一犯の項目を履歴書に書き加えなくてはならなくなっても、敢えてその法律を犯さねばならない場合が出てくると思う。これは極めて危険な思想のように見えるが、決してそうではなく、このような道徳的命令の威力を実感することのできる人こそ、真の遵法精神を発揮することができ、また心の底から愛国的であることもできるのである。」[11]

（3）遵法精神を考える

〈事例から遵法精神を考える〉

　塩尻は、「敢えてその法律を犯さねばならない場合」として、次のような2つの事例を挙げ、自分が取ると考える行動について紹介している。
　まずその1例は、不出世のピアノ作曲家の場合である。

> 「仮に自分が不出世の音楽の天才であって、インスピレーションの催すところ、一世紀の間に多くは見ることのできないような神品を作曲することができるとしよう。しかるに自分は特異の癖をもっていて、インスピレーションの襲来するときは、しきりにピアノを乱打しなければ作曲を完成することができないと仮定しよう。しかるに国家は適切な考慮により、社会生活の平安を維持するために、深夜における騒音を禁止し、違反者に相当の厳罰を科しているとしよう。これはよき法律であって、社会人として、善良な市民として、当然に守らなくてはならない法律である。ところが或る日、真夜中すぎて突如インスピレーションが自分を襲ってきたとする。

自分はよき法律の違反者となることを恐れて、人類のために再び獲得することのできない大作を闇から闇に葬るべきものであろうか。もしも自分が真に深き良心の声に耳を傾けるだけの強さをもち得ていたら、そういう場合にも敢然としてピアノを乱打するであろう、と自分は思うのである。」[12]

　塩尻は、もし自らが天才的なピアノ作曲家であり、或る時にインスピレーションの襲来があったならば、「よき法律の違反者となること」をも恐れずに、ピアノを乱打する場合があるというのである。
　その2例は、飢餓に直面した時の行動である。

　　「国家が重大な経済的危局を防止するために、やみ取引の禁止を法定したとする。それの主として意図するところは、社会全体の莫大な犠牲において利己的な暴利をむさぼろうとする不徳義漢を制圧するところにあるが、法律の形式上、あらゆる人々のあらゆる場合のやみ取引を禁止せざるを得なかったとする。わが国にもこの種の法律に忠実であろうとするために栄養失調に陥り、ついには生命を犠牲にした教授や判事があって新聞紙を賑わしたことがあった。これを単なる馬鹿正直として冷笑することはできない。今の世に珍しい珍品としてその価値を充分に認識し、同情と賞賛とを与えて然るべきであろう。しかしそれにも拘わらず、そのような正義感や遵法精神は、結局は甘いものであって、真正の正義感や遵法精神とつながるものではないと考えざるをえない。私自身としては、今やまさに餓えんとする赤ん坊を救うために、一本の野菜をやみ価格によって求め得られるという場合には、現行法上の犯罪者となることをも賭して、その野菜を買求める方が道徳的に正しいと考えざるをえない。」[13]

　塩尻は、配給食糧による生活を守り、栄養失調によって死亡した山口良忠判事の事例（1947年10月11日）を挙げて、法律に忠実であったその行動に同情と賞賛とを与えつつも、そのような正義感や遵法精神は、真正の正義感や遵法精神とつながるものではない、と切り捨てる。

〈自己の価値観と遵法精神〉
　塩尻自身は、先に挙げた2つの事例から「正直に率直に内心の深き道徳的命令に耳を傾けるすべての人々」は、おそらく自分の考え方に同意するであろうと述べ、さらに次のようにいう。

「このような（塩尻の）考え方は、一見社会生活の秩序を乱し結局国民全体の福利に反するように見えるかも知れないが、このような確固たる生活者が一人でも多くなればなるほど、真実の遵法精神は愈々確固たる基盤を獲得し、法律本来の機能はいよいよ円滑に発揮せられ、法律のたえざる進化もまた愈々確実に保証されることになると思うのである。」[14]

塩尻によれば、真実の遵法精神とは、法律に忠実に服従することも否定しえない重要要件であるが、それよりも重要なことは自己の「道徳的命令」に従うことであり、また「真に深き（自己の）良心の声に耳を傾ける」ことである、というのである。それは、言い換えれば、法以前の個々の人間が持つ価値観を基準として法の精神を判断し行動するということである。塩尻の場合について言えば、人格主義の至高目的である「人格の完成（すべての人々の人間的成長と幸福の達成）」という価値観を基準として法の精神を判断し行動するということである。

2　権利と義務について

（1）権利と義務の関係
〈「善き人生」のための闘い〉

塩尻の言うところによれば、人間は「善き人生」（＝あらゆる人々の人間的成長と幸福の達成）を生きるために、自己の内外に存在する二つの問題と闘わなければならないという。

「この社会の中に住むものにとっては、闘うことが一種の道徳的義務となることがある。自己内心の世界に利己心と偏見と悪習とがあって、愛他的能力の成長を中核とする人格完成をはかるためには、絶えずそれらのものと対決してゆかなくてはならないように、われわれの社会の内部にも多くの不合理と邪悪と因習とが盤居(ばんきょ)しているからである。また積極的な悪意のない場合にも、怠惰と無関心とは人間世界の常に陥り易い弊害であって、これらのものと絶えず戦っていない限り、自己及び一切の人々の人格完成と幸福とは、社会生活のうちに重大な障害物を持たねばならな

いことになるのである。」[15]

　塩尻によれば、われわれ人間は、自己自身の心の裡に巣食っている問題（利己心、偏見、悪習、怠惰、無関心）と、社会に存在する問題（不合理、邪悪、因習など）と絶えず戦っていないと、「善き人生」を生きるのに重大な障害物を持つことになるというのである。

　〈権利と義務について考える〉
　塩尻は、人間の権利については、どのように考えなければならないというのであろうか。この点について塩尻はまず、「われわれは権利を実現するための神聖なる戦について注意しなくてはならない」という。つまり権利は、例えば他人から、または天から与えられるのではなくて、自らが戦って権利を実現しなければならない、というのである。権利を実現するためには、「神聖なる戦」をしなければならないというのである。
　それでは、「権利を実現するための神聖なる戦」とは、どういう戦いであるのか。これについて塩尻は次のようにいう。

　　「われわれがわれわれの権利を実現し得ることは、われわれのすべてがこれに対応する義務を完遂することによってのみ可能となることを知らなくてはならない。権利を行い、義務を果すことは、万人に共通なる社会的倫理の一つとなるのである。」[16]
　　「権利という言葉は、ほしいままに自己の欲するところを他の個人や社会に押しつけることのできる利己的な力であるかのような誤解を伴いがちであり、また、義務という言葉は、何か固苦しく、ただ忍びがたきを忍ばなくてはならない消極的な犠牲であるかのような誤解を伴いがちである。せいぜいのところで、権利は個人の利益にとっての単なるプラスを意味し、義務はまた個人の利益にとっての単なるマイナスを意味する言葉のように見える。しかし、権利と義務とは決してそういう単純なものではなくて、深く理解すればするほどわれわれにとって深みのある、また、温かみと親しみとの感じられてくる言葉に変ってくると思う。」[17]

　すなわち塩尻は、「権利と義務とは切り離して考えることのできない密接不離の関係にあって、権利は権利だけ孤立して存在し得るものではなく、義務もまた単なる義務として孤立しているものではない」こと、だがしかし、権利を

「ほしいままに自己の欲するところを他の個人や社会に押しつけることのできる利己的な力」であるとか、「個人の利益」とか、また義務を「何か固苦しく、ただ忍びがたきを忍ばなくてはならない消極的な犠牲」であるとか、「個人の利益にとっての単なるマイナス」であるとか、というように単純に考えてはならないというのである。そして塩尻は、権利も義務も、われわれがその真の意味を正しく理解すれば、「深みのある、また、温かみと親しみ」のある言葉である、というのである。

(2) 個人の権利と社会成員の義務
〈3つの事例から権利と義務を考える〉

塩尻は、以上のことは幾つもの面から指摘することができるといい、その事例を3例挙げる。

その1は、ある一人の個人の権利は必ず他の個人または社会全成員の義務とつなぎ合わされてのみ存在しうる、ということである。

> 「第一に、ある一人の個人の権利は必ず他の個人または社会全成員の義務とつなぎ合わされてのみ存在しうる。例えば、ある一人の個人が指導言論の自由についての権利をもつということは、他のすべての個人や団体が彼のそういう自由を犯さないことの義務を負い、そういう自由を犯そうとする行為こそ必要に応じて制裁を受けるという法律的または社会的制度が確立していることを意味するであろう。また例えば、世界人権宣言の第22条には『何人も社会の一員として社会保障をうける権利を有する』ことを想定し、第23条には『何人も労働し、職業を自由に選択し、公正且つ有利な労働条件を得、及び失業に対する保障をうける権利を有する』と宣言しているが、こういう権利を真に実現させ得るためには、社会の全員がそれぞれの立場において誠実に能率的に労働して必要物資を充分に生産する義務を果すことが必要であり、また、分配の制度を合理的にし、財政政策を適切にするために、経済的政治的諸分野を担当する人々が、その全能力を発揮して職務を遂行し且つ円滑に協力する義務を果すことなしには、到底不可能であることは自明のことであろう。」[18]

個人の権利は必ず他の個人または社会全成員の義務とつなぎ合わされてのみ存在していること、権利を真に実現させ得るためには、社会の全員がそれぞ

れの立場において義務を果たすことが必要である、というのである。

〈個人の権利は義務でもある〉

その2は、個人の権利は、その個人自らにとっても単なる権利であるに止まらず義務でもあるという側面をもっている、ということである。

> 「第二に、個人の権利は、その個人自らにとっても単なる権利であるに止まらず義務でもあるという側面をもっている。この事実は、例えば、わが憲法第27条が『すべて国民は勤労の権利を有し義務を負う』といっているように、法律の明文を以ってはっきりと宣言されていることもあれば、そうでない場合もあり、また権利の種類によっては義務の側面が余り明瞭でないという場合もないではないが、正確に言えば、いかなる権利でも、義務的な側面を自覚することなしには、権利としての真実の効用を発揮することができないと思う。
> 　例えば、思想言論の自由の権利にしても、この権利を充分に実現し活用することは、自己の人間的成長にとっても社会の進展にとっても重大な義務であることを常に忘れてはならないのであって、社会状勢の如何によっては、この権利を閑却しないことが命を賭しても守らねばならない社会に対する重大な義務であることを、ひしひしと痛感させられる場合さえあるであろう。」[19]

いかなる権利でも、義務的な側面を自覚することなしには、権利としての真実の効用を発揮することができないこと、また、権利を充分に実現し活用することは、自己の人間的成長にとっても社会の進展にとっても重大な義務であることを忘れてはならない、というのである。

〈権利は義務的要素を含有している〉

その3は、権利の反面である義務が余り明瞭でないという場合もあるが、その場合にも、その権利を実現する実現の仕方においては、一定の注意と条件との下に権利を実現しなくてはならないという点において、あらゆる権利は義務的要素を含有している、という。

> 「第三に、仮にある権利の反面である義務が余り明瞭でないという場合にも、その権利を実現する実現の仕方においては、その個人の無制限の我儘は決して許されて

はいないのであって、一定の注意と条件との下に権利を実現しなくてはならないという点において、あらゆる権利は義務的要素を含有しているということができる。例えば、わが憲法第12条が『この憲法が国民に保障する自由及び権利は…国民はこれを濫用してはならないのであって、常に公共の福祉のためにこれを利用する責任を負う』といっているのは、その点にふれたものである。」[20]

以上、塩尻は三つの事例を挙げて、権利と義務とが分かちがたく結びついていることを指摘したが、それらは権利と義務との相互関係を主として権利の側から説いたのであって、同じことを主として義務の側から、すなわち義務が単なる義務ではなくて、義務を果すことが同時に誇るべき権利であり、また輝かしき権利を活かすための前提であるとも説くことができる、とも言っている。

（3） 権利と自由の根拠
〈権利は個人の人間的成長と幸福とのための条件〉

それでは、なぜ権利と自由とがあらゆる個人に認められているのであろうか。人格主義者塩尻の回答は、きわめて明快である。

「それは他でもない。あらゆる個人に権利が認められている理由、また認められなくてはならない理由は、権利はその個人の人間的成長と幸福とのために必要な条件であるのみならず、またあらゆる個人の、すなわち社会のすべての成員の人間的成長と幸福とのために無くてはならない条件であるからである。」[21]

権利は、個人及びあらゆる社会のすべての成員の人間的成長と幸福とのためになくてはならない条件である、というのである。その事例として塩尻は、思想言論の自由の例を挙げる。

「たとえば、思想言論の自由の権利がもし確保されていないなら、個人はその生まれながらの知性をのびのびと成長させることが出来ないし、また性格的に嘘つきになり易く、卑怯者になり易いであろう。このことは、個人としての人間的成長と幸福とに反するのみでなく、社会生活の全体を内容貧弱な、乾燥な、また不道徳なものとすることによって、社会成員すべてのものの人間的成長と幸福とに反するものとなる。それ故にこそ、個人はこの権利を主張する義務を負い、他のすべての個人はこの権利を尊重する義務を負う。」[22]

ここで確認しておかなければならないことは、権利や自由は価値があり、大切なものであるとしても、権利や自由が最高の価値をもつものではないこと、権利や自由は最高の目的であるところのあらゆる人々の人間的成長と幸福とに役立つ限りにおいて価値あるものであるに過ぎず、したがって、この最高目的のためには権利や自由は必要な制限を受けることもある、ということである。この点は、塩尻が繰り返して強調したところであった。

> 「勿論われわれの最高の目的はあらゆる人々の人間的成長と幸福とに他ならないから（この最高目的を追求すること自体が人間として最深の意味における権利であり、また同時に義務であるといえる）、個々人の個々の権利がいかに価値あるものであるにしても、この最高目的に役立つ限りにおいて価値あるものであるに過ぎず、この最高目的のためには必要な制限を受けることのあるのは当然である。」[23]

　個人の権利と自由とがいかに価値あるものとはいえ、「最高目的のためには必要な制限を受けることのあるのは当然である」と言えば、個人の権利と自由が「制限されてもやむをえない」と理解されそうであるが、塩尻の真意はそうではない。個人の権利と自由とは、最高目的に準ずるものとして取扱われるだけの価値がある、ということであった。

> 「ただ、一人一人の個人の権利を眼中におくのでなく、仮にすべての国民の権利を一括して眼中におくことができるとすれば、その意味における権利を尊重することは、しばしば最高目的に準ずるものとして取扱われてもよいだけの価値があると思う。また仮に一個人の権利が問題になっている場合でも、およそ人間としての権利の象徴とも見做されなくてはならぬ場合には、これを尊重することはすべてに優先して重視されなくてはならないこととなるであろう。」[24]

〈権利と公共の福祉〉

　権利の尊重については、塩尻のきわめて強調したことであって、「公共の福祉」を理由にして安易に制限してはならないということであった。

> 「憲法第12条には、憲法の保障する権利であっても、この権利を『常に公共の福祉のために利用する責を負ふ』と規定し、また第13条にも『生命、自由及び幸福

追求に対する国民の権利については、公共の福祉に反しない限り、立法その他の国政の上で、最大の尊重を必要とする』とあるので、誤解するものは、国民の権利と離れて全然別のところに何か『公共の福祉』と称する尊厳不可思議のものが存在しており、このためには基本的人権を自由に侵しても差支えないかのように思うかも知れないが、もし権利という言葉によって全国民の権利を総括的に代表せしめるならば、これを尊重し擁護することの実をあげることこそが公共の福祉の最も核心的な中味をなすものであると言わざるをえないのである。」[25]

塩尻によれば、「公共の福祉」は個人の権利や自由の制限の根拠となるものではなくて、権利や自由を尊重し擁護することをこそ、その中味としている、というのである。そして塩尻は、個人の権利や自由が侵害される場合には、権利と自由との防御を要求し抗議するとともに、国民の基本的人権を最もよく保障しうるような政府機構を探索し、それを実現しようとすることは国民の義務である、というのである。

「憲法自身も第12条前半に『この憲法が国民に保障する自由及び権利は、国民の不断の努力によって、これを保持しなければならない』といっているように、権利を不当に侵害される場合には、個人に対しても団体に対しても、また時の政府に対してでも、権利を防御するために要求し抗議することが国民として果さなくてはならない重要な義務となるのである。また、国民の基本的人権を最もよく保障しうるような政府機構はどのようなものであるかを絶えず探索し、これを実現しようとすることも、すべての政治家や政治学者の、否、国民すべてのものの重要な関心事とならなくてはならないのである。」[26]

(4) 権利と義務についての注意点

〈3つの教訓〉

以上、権利と義務とについての塩尻の考え方を見てきたが、われわれは塩尻の論述から次の三つの教訓を学び取ることができる。

1つは、権利と義務も、自然現象のように、現実にここに存在しているというものではなく、われわれが努力して絶えず確保してゆかなくてはならないものであるということである。法律の明文をもって認められている権利や義務についてすらそうである、ということである。『権利のための闘争』という書が

あるが、権利や自由は、絶えず闘い確保していかなければ実現することはないということである。

2つは、現在の人類の社会的状況に即して一切の人々の人間的成長と幸福とのためには正しく認められなくてはならないはずの権利や義務であっても、法律その他社会制度一般の上ではまだ認められていない権利や義務があり、そういうものについては、われわれはこれを明確な法文として獲得し、またこれを社会的にも実現しうるように、あらゆる面から努力しなくてはならない、ということである。

日本国憲法は多くの基本的人権を規定しているが、それで国民の基本的人権規定が十全であるということではないということである。現憲法が規定している権利や自由は代表的なものであるが、それらは1946年に制定されたものである。また、憲法上の条項規定上の制約もあり、国民のすべての基本的人権が規定し尽くされているわけではない。時代の経過と社会の変化とによって新しい権利と自由とが主張され、また義務が追加されなければならないという事態が生じてくるのである。日本国憲法の後に制定された世界の国々の憲法や世界人権宣言や国際条約の中に列記された権利の中には、そういう実例が必ずしも少なくないのである。その場合、それらの新しい権利や自由を守り、実質的に保障していくためにあらゆる努力をしなくてはならないということである。

3つは、私たちは、権利を行い義務を果たすことを通して、自らの人間的完成と幸福実現のための機会と充実感とを得ることができるということである。この点に関して塩尻が、「権利を行い義務を果すという言葉は、われわれ自身の幸福と直接につながりのある、温かみあり親しみのもてる言葉でありうるということである」と前置きして、さらに次のように述べていることは意味深いことである。

　「権利は人間的完成のために必要な条件であるが、同時に、そういう条件たる権利を主張すること自体が、自己の人間としての成長を促す訓練となるのである。権利を実現するためには、しばしば男性的豪気さや貫徹する意志力や旺盛なる正義観念などを必要とし、また、これらのものを鍛錬するからである。また、義務を完遂するためにも、人間としてのさまざまの美質が必要とせられ、また、それらのものを

鍛錬する機会となるからである。」[27]

　塩尻の人格主義思想は、権利と義務とのあり方を考える場合にも、権利の行使と義務の遂行ですら人間的成長の機会と糧と捉え、自己を人格の完成に向かって限りなく鍛錬しようとするものである。

(5) まとめ
〈人格主義の政治・法律観〉
　以上、政治と法律、権利と義務についての塩尻公明の考え方を検討してきた。不十分な検討であったが、とりあえずここで、塩尻の人格主義の政治と法律観及び権利と義務観とを整理しておこう。
　まず政治と法律についての検討の結果として、次のことが明らかになった。
　塩尻によれば、政治は社会的権力に依る外部的社会的生活の統制であり、法律は社会的力の強制するところの外部的社会的生活に関する規範的法則である、従ってそれらのものの関与し得るところの、また関与してもよいところの当然の領域が存在していること、また、法律が善き法律であるか悪法であるかは、その制定過程の合法性と内容の正当性とで判断されなくてはならない、ということである。そして、悪法に対しては、必ず不従順であるべきだとか、必ず直接に反抗すべきだというような簡単な議論もできないこと、悪法に対していかなる態度をとるべきかは、その時の社会情勢の如何に依り、またその人の個人的能力境遇の如何に依って具体的に細目的に決定されなくてはならない、というものである。
　それでは、その決定の基準は何か。原則的に言えば、法律に忠実に服従することも否定しえない重要要件であるが、それよりも重要なことは自己の「道徳的命令」に従うことであり、また「真に深き（自己の）良心の声に耳を傾ける」ことであり、換言すれば、それは法以前の個々の人間が持つ価値観を基準として法の精神を判断し行動するということである。
　塩尻の人格主義思想の観点から言うならば、人格主義の至高目的である「人格の完成（すべての人々の人間的成長と幸福の達成）」という価値観を基準として

政治の在り方や法律の精神を判断し行動するということであった。それこそが真実の遵法精神であり、人格主義的生き方である、ということである。

〈人格主義の権利・義務観〉

次に権利と義務についての検討から、次のことが指摘できる。

1つは、権利と義務とは切り離して考えることのできない密接不離の関係にあること、個人の権利は同時に義務でもあるという側面をもっている、ということである。

2つは、権利と自由とがあらゆる個人に認められているのは、その個人のみならず、社会のすべての成員の人間的成長と幸福とのためになくてはならない条件である。それゆえに、国民の権利や自由を公共の福祉を理由として安易に制限してはならない、というのである。

3つは、権利や自由は価値があり大切なものであるとしても、最高の目的であるところのあらゆる人々の人間的成長と幸福とに役立つ限りにおいて価値があり大切なものであるに過ぎず、この最高目的のためには必要な制限を受けることもあり得る、ということである。

4つは、我々は、権利と義務とを絶えず確保してゆく努力をしていく必要があること、正しく権利を行い義務を果たすことを通して人間的成長と幸福の実現とを図っていくことを期さねばならないこと、法律その他社会制度一般の上ではまだ認められていない権利や義務があり、それらについては明確な法文として獲得し、その実現を図るように努力する必要がある、ということである。

〈人格主義の遵法精神理解〉

最後に、真実の遵法精神についてであるが、塩尻によれば、法律に忠実に服従することは否定しえない重要要件であるが、それよりも重要なことは自己の「道徳的命令」に従うことであり、また「真に深き（自己の）良心の声に耳を傾ける」ことである、ということであった。それは、言い換えれば、法以前の個々の人間が持つ価値観を基準として法の精神を判断し行動するということであった。塩尻の場合について言えば、それは、人格主義の至高目的である「人

格の完成(すべての人々の人間的成長と幸福の達成)」という価値観を基準として法の精神を判断し行動するということであった。

3 矢内原忠雄と河合栄治郎の遵法精神と生き方

塩尻の道徳的命令論で思い浮かぶのが、矢内原忠雄と河合栄治郎の生き方である。否、より正しく表現すれば、2人の対照的な法と道徳と生き方である。次に、この2人についてみていくことにしよう。

(1) 矢内原忠雄の遵法精神と生き方
〈ファシズムによる学問弾圧の時代〉

昭和に入ってから軍部が急速に力を強め、ファシズムが台頭してきた。内務省と文部省は、陸軍省の圧力を受けながら思想統制を推進していった。1928(昭和3)年は、その新展開の年であった。共産党弾圧(3・15事件)を始めとして、それ以降、共産党関係者の検挙が続き、マルクス主義学者(京都帝大の河上肇、東京帝大の大森義太郎・平野義太郎・山田盛太郎、九州帝大の石浜知行・向坂逸郎・佐々弘雄ら)の大学追放が開始された。1931(昭和6)年9月に満州事変が起こるが、この頃にはリベラルな学者たちもつぎつぎと標的とされるに至った。主な事件としては、1933(昭和8)年の京都帝大河上肇の検挙、滝川幸辰の休職処分(滝川事件)、1935(昭和10)年の美濃部達吉の天皇機関説、1937(昭和12)年の矢内原忠雄の筆禍事件(矢内原事件)、1938(昭和13)年の大内兵衛らの逮捕、1939(昭和14)年の河合栄治郎事件、1940(昭和15)年の津田左右吉事件と続いた。

以上からもわかるように、矢内原忠雄(1893～1959)も河合栄治郎(1891～1944)も大学を追われているのであった。しかも2人が追われたのは、同じ東京帝国大学経済学部の教授職であった。

〈矢内原忠雄の略歴と学問的姿勢〉

　矢内原忠雄は経済学者、宗教家（無教会派キリスト者）で、戦後、南原繁の後を継いで東京大学総長（1951～1957）を務めたが、その生涯は「矢内原事件」（1937年12月1日）に示されているように、波乱に富んだものであった。まず彼の略歴を見ておこう。

　彼は1917（大正6）年に東京帝国大学法学部政治学科を卒業して、住友総本店に入社し別子鉱業所に勤務したが、東京帝大に経済学部が創設されて1年後の1920年に招かれてその助教授となった。就任後まもなくイギリス・ドイツに留学し、帰国した1923年に教授となり、植民政策を講ずることになった。

　その後、彼は研究を進め、矢継ぎ早に『植民及び植民政策』（有斐閣、1926年）、『人口問題』（岩波書店、1928年）、『帝国主義下の台湾』（岩波書店、1929年）を公刊している。矢内原の植民政策学は、植民政策を統治者の立場から統治政策として考えるのではなく、社会現象としての植民を科学的・実証的に分析し、帝国主義論の一環として扱っている点に特色があった。こうした矢内原の学問的姿勢は、当然のことながら政府・体制側との緊張関係を深めていく運命にあった。

　さて、先に見たように、1931年9月に満州事変が勃発し、翌1932年9月に日本の権力下に満州国が建設されるに至った。この年、矢内原は事態の真相を把握しようとして満州に赴き、その成果を『満州事変』（岩波書店、1934年）にまとめて出版した。

〈ファシズムとの戦い〉

　1936年2月26日に「2・26事件」が発生し、翌1937年7月7日には盧溝橋事件が起こった。この2つの事件によって、矢内原は大きなショックを受けた。そこで彼は『中央公論』誌からの依頼をうけたこともあって、評論文「国家の理想」（『中央公論』、1937年9月号）を書いた。同評論文で彼は、国家が目的とすべきは正義であり、正義とは弱者の権利を強者が侵害圧迫から守ることであること、国家が正義に背反したときは国民の中から批判が出てこなければならないことなど、時局に対する日本国民としての根本的反省を示唆するとと

もに、次のような文章で結んだ。

　「現実政策の是非を判断する基準は現実の事情にのみあるのではなく、国家の理想、即ち国家の国家たる品位にこそ、現実政策の正邪を判断すべき根本的標準である。しかしそれは現実の特殊具体的事情に拘らざる根本の原則であるから、国民たる者は一般的なる正義感ある限り、何人といえども之に基く判断をなし得ざる "理（ことわり）"はない。」[28]

「国家の理想」、すなわち「国家の国家たる品位」に照らして日本の中国における今回の軍事行動の「正邪」を判断すれば、何人といえどもその行動は是認できないものである、というのである。

この評論文は、軍国主義的緊張の高まっていた当時、物議をかもさざるを得なかった。内務省は直ちに矢内原評論文が掲載された『中央公論』を発売禁止とし、同評論文を雑誌から削除させた。しかし、攻撃の火の手は東大経済学部教授会の中から上った。文部省や軍部、狂信的国家主義者蓑田胸喜らと通じた時の土方成美（ひじかたせいび）経済学部長と右翼教授たちが、矢内原追放の策動に乗り出した。すなわち土方は、1937年11月24日の教授会で矢内原の「国家の理想」を取り上げ、同評論文は反戦的であり、時局に際し教授の言論として不穏であり、帝国大学教授として不適任ではないか、と論難したのである。

この攻撃に追討ちをかけ、矢内原辞職のきめ手となったのが、故藤井武の記念講演会における矢内原の南京事件を糾弾する講演の中の最後の一言であった（この講演は、矢内原が発行していた『通信』に掲載された）。

　「今日は、虚偽（いつわり）の世に於て、我々のかくも愛したる日本の国の理想、或は理想を失ったる日本の葬りの席であります。私は怒ることも怒れません。泣くことも泣けません。どうぞ皆さん。若し私の申したことが御解りになったならば、日本の理想を生かす為めに一先ず此の国を葬って下さい。」[29]

矢内原を擁護しようと八方手をつくしていた同僚の大内兵衛教授たちも、一度は矢内原を擁護しようと決意していた長與又郎東大総長らも、この一文をつきつけられて万策つきた、と考えるに至った。大内は遂に矢内原に辞表を書く外ない旨を伝えた（大内兵衛「矢内原君に別れる」『帝国大学新聞』1937年12月6日

号)。
　矢内原は1937年12月1日に、大学に辞表（依頼退職）を提出した。しかし、事実上は追放される形での教授辞任を余儀なくされたのであった。

〈肉体は亡びるも精神を殺す勿れ〉
　『朝日新聞』（1937年12月3日）は前日の午前10時から法経7番教室で行われた矢内原の最終講義の模様をつぎのように報じた。

> 前日来から伝え聞いた経済学部の学生はもとより法、文学部それに先輩も入り交って7番教室は満員、青白い緊張と興奮が漲る中を同教授は前屈みの姿勢で平静な語気で約1時間植民政策の残余の講義を済ました後、「大学の使命を私は批判的精神に有りと信ずる。大学は一般と高い所に在って、生起する複雑な社会現象を分析し、批判し、真に国家的立場から是を是とし、非を非とする事だと思ふ。在職17年無骨な自分は芝居を見ずゴルフも興なく研究を唯一の本拠としてこの信念を以て励んで来たが、これ以上大学に御迷惑をおかけするのも如何かと思い辞表を提出した…諺に『肉体は亡びるも精神を殺す勿れ』という、私のこの一言を諸君にお贈りしたいと思う…」と結べば、学生は拍手を以て送り、涙ぐましい情景であった。

　大学を去った矢内原は『嘉信』という個人雑誌を発行して伝道者の道を歩み、家庭で少数の青年に聖書講義をする集会を続けた。何度も警視庁に呼び出されたり、『嘉信』の発行を止めるように圧力をかけられたりしたが、それらに屈することはなかった。1945年4月には戦災で印刷所を焼失したが、彼はその後も謄写版で『嘉信会報』を発行し続け、敗戦を迎えた。
　周知の通り矢内原は、1945年11月末に大内らとともに東大経済学部教授に復帰し、その後、初代教養学部長や総長を務め、日本の高等教育及び文教政策全体に対して正鵠を射た発言を積極的に行った。矢内原は前任者の南原と並んで日本の大学運営と戦後教育をリードした名東大総長であったと思われるが、この2人に比べると、それ以後の東大総長はまったく小粒になってしまった、というのが私の感想である。

〈矢内原の道徳と生き方〉

矢内原は 1961 (昭和 36) 年 12 月 25 日に満 68 歳で亡くなったが、12 月 28 日に東大安田講堂で行われた葬儀・告別式で、先代の東大総長であった南原繁が次のような追悼の辞を述べている。

> 「新渡戸稲造先生が好調であった旧制一高は、いつ思い出しても懐かしい精神的故郷であること、矢内原君は新渡戸先生にもっとも近く立っていた一人で、植民政策の講座を引き継ぐことになったのは、奇しき運命であったこと、新渡戸先生以上に大きな感化を与えたのが内村鑑三先生であったこと、昭和 13 年、大学を辞職したのは、学問と思想の問題ではなく、信仰の問題であったこと、戦時中は如何なる意味でも時局に協力しなかったこと、戦後東大に復帰してからは大学行政の面で多くの部門に関与し、特に新制東京大学の基礎である教養学部の体制を築いたこと、総長時代も毎日曜の聖書集会を続け、『聖書講義』を何冊か出版し、地方への講演・伝道旅行を欠かさず、学者や教授である以上に預言者・伝道者であろうとし、それが許されなければ総長の職をいつでも辞する覚悟であったこと…」[30]

簡潔な言葉ながら、矢内原の生涯を的確に言い尽くしているように思われる。とりわけ本稿にとって重要と思われることは、「大学を辞職したのは、学問と思想の問題ではなく、信仰の問題であったこと、戦時中は如何なる意味でも時局に協力しなかったこと」であり、「総長時代も毎日曜の聖書集会を続け、『聖書講義』を何冊か出版し、地方への講演・伝道旅行を欠かさず、学者や教授である以上に預言者・伝道者であろうとし、それが許されなければ総長の職をいつでも辞する覚悟であったこと」という矢内原の生き方である。

矢内原の場合、彼の思想及び生き方の基底にキリスト教信仰、言い換えれば、無教会派キリスト者としての信仰が岩盤のように存在していたということであり、彼はその思想信条に忠実に生きた（ぶれずに、生き切った）ということである。この点で加藤周一が、「バルトは神学者であり、矢内原忠雄は社会科学者であった」と位置づけながら、

> 「これほど一貫した 2 人のファッシズム政権批判者の背景に、一種のキリスト教信仰があったという事実は見落とすことができない。2 人の批判者はすでに早くナチまたは日本軍国主義の到来と抬頭の時期に、やがて戦争と狂気に導くべきその性質

を見抜く明察と、いよいよ戦争がやってきたときに、(そして国中が「戦果」に浮かれだしたときに)少しもその見解を枉げない勇気を備えていた。この明察を伴った勇気が、単に学識から来ていると思われないのである」[31]

と指摘していることに、同感するものである。

(2) 河合栄治郎の遵法精神と生き方

〈河合の生い立ち〉

河合は1891(明治24)年2月13日に、現在の東京都足立区千住に生まれる。東京府立第三中(現・都立両国高等学校)、第一高等学校をへて、1915(大正4)年東京帝国大学法科大学政治学科を卒業し、労働問題に生涯を捧げる決意をもって農商務省に入省する。しかし彼の志は容れられず、1919(大正8)年に辞職した。この時、『朝日新聞』紙上に「官を辞するに際して」と題して自己の所信を論じ、世上の話題となった。翌1920(大正9)年に東京帝国大学経済学部の助教授となり経済学史を担当する。1922年より英国に留学し、1926年に帰国、教授となって社会政策講座を受け持った。1936年3月31日から1年間、経済学部長を務めた。

河合の代表的な学問的成果は『社会思想史研究』(1923年)、『トーマス・ヒル・グリーンの思想体系』(1930年)、『社会政策原理』(1931年)で、教え子として、木村健康、猪木正道、関嘉彦、石上良平、音田正巳、大河内一男、安井琢磨らを育てた。塩尻は河合の読書会の最初からのメンバーで、河合とは一定の距離を保ちながらも、生涯、河合を恩師として敬愛した。

〈東大経済学部内部の勢力争いとファシズムからの弾圧〉

河合は、東大経済学部内の勢力争いの中で、当初、多数派の領袖格として行動し、大内兵衛らのマルクス主義派と対峙していた。その後、ファシズムが勢力を伸ばしてくると、河合はファシズム批判の論陣を張るに至った。例えば「5・15事件の批判」(『文芸春秋』1933年11月11日号)や『ファッシズム批判』(日本評論社、1934年12月)や「2・26事件の批判」(『帝国大学新聞』、1936年3月9日号)等である。そのために、右派陣営からの河合攻撃が強まり、かつて河

合派であった教授も国家主義派（革新派）土方成美派に鞍替えしたために、河合派は学部内では勢力を失いつつあった。

　河合は、1938年に『ファッシズム批判』など4点の著作が内務省によって発売禁止処分に付され、翌年これらの著作等における言論が「安寧秩序を紊乱するもの」として、出版法違反に問われて起訴された。また学内においても、土方らと激しく対立したために、総長平賀譲の裁定により、1939年1月31日、河合は休職を発令されるに至った（いわゆる平賀粛学。他方の土方は「大学の綱紀紊乱」と「東大再建の障害」という理由で同年2月13日に休職発令され、休職期間満了後に免官となった）。この過程で、河合の意に逆らって経済学部に残留した大河内・安井は事実上の破門となった。

〈裁判闘争と編集・執筆活動〉

　退官後は、裁判闘争に全力を尽くし、1940（昭和15）年に東京地裁で無罪判決を得たが、1940（昭和15）年の東京控訴院で有罪判決（罰金300円）、1943（昭和18）年での大審院の上告棄却の判決により、有罪が確定した。

　晩年は『学生に与う』（1940年）の執筆、学生叢書の編集（全12巻、日本評論社）と執筆とを通して学生・青年たちに教養主義と理想主義とを説き続けた。とりわけ学生叢書の第1巻の『学生と教養』（1938年）は、マルクス主義の弾圧後10年近く経過した閉塞的な社会情勢のなかで、「人生いかに生くべきか」を模索していた青年・学生たちに、哲学や文学への傾倒による人間形成に努力すべきことを説いて共感を得、異常な売れ行きを示した。その後続の学生叢書も好評で、まさにベストセラーの観を呈した。

　一方で河合は、共に東大を辞職した山田文雄や木村健康、それに門下生たちと定期的に勉強会「青日会」（青年日本の会＝1840年代に英国保守党の若手が組織した青年英国党に因んで命名）を開催するとともに、自らは理想主義哲学体系の構築のためにカントの著書のメモ書きを山積し、精力的に研究を継続していた。しかしながら1944年2月15日、おそらく糖尿病とバセドウ氏病とによって引き起こされたと思われる心臓麻痺によって逝去した。享年53歳であった。

　河合の生涯と思想とについての検討は別に稿を改めて論じる予定であるが、

ここでは河合の評価と遵法精神と生き方とに限定して論じていくことにしたい。

〈分かれる河合栄治郎の評価〉

河合栄治郎研究会代表の川西重忠は、「河合栄治郎ほど評価の振幅の激しい思想家も珍しい」[32]と書き、さらに次のように書いている。

> 「河合栄治郎は当時の『東大経済学部の花形教授』で全国的に人気の高い思想家、教育家であったが、反面、軍部に敢然と立ち向かう危険思想家として当時の政府、官憲に睨（にら）まれ、一方ではマルクス主義に敵対する穏健な自由主義者として進歩的学者、同僚からは疎まれ、そして多くの学生からは矛盾の多い言行不一致の理想主義者として胡散（うさん）くさく見做されていたのである。」[33]

完璧な人間はいないであろうし、河合にだけそれを求めるのは酷である。しかしながら学者や思想家は、その思想の体系性や言動の一貫性が問われる運命にあることは、致し方のないことである。河合の場合、その評価が分かれるというのである。

河合ファンや河合研究家は、河合が理想主義、自由主義に基づいた言論活動を広く展開したこと、とりわけ「5・15事件の批判」（『文芸春秋』1933年11月11日）や「2・26事件の批判」（『帝国大学新聞』1936年3月9日）を発表し、ファシズム批判と軍部批判を行った勇気に対して高く評価する点において共通している。先の川西重忠も、次のように言っている。

> 「学者、研究者としての河合は、理想主義、自由主義に基づいた言論活動を広く展開し、言論界においても当時の論壇を席巻した時代の寵児であった。…とりわけ…『2・26事件の批判』の一文は、軍部の圧力に声をひそめていた当時の読者と社会に衝撃を与え、河合の戦闘的自由主義者としての面目が躍如とした言論史上に残る金字塔となった。」[34]

確かに、ファシズム体制が急進する中での河合の「2・26事件の批判」の一文は、土屋清の言うように「日本言論史上の金字塔」に値しよう[35]。しかし、その一文を評価するところから、河合の思想と人間像との全体を戦闘的自由主

義者として高く評価することは別のことであろう。また、そもそも河合が本当の意味での戦闘的自由主義者として、ファシズム批判と軍部批判とを貫き通したのであろうかということも、検討を要しよう。

また河合研究家の松井慎一郎は、河合を「数々の非難や圧迫を受けた」が、「それらに怯むことなく、自己の信念を貫き通した気骨の人であった」[36]と書いている。しかし、河合が「自己の信念を貫き通した気骨の人であった」のかどうか、また、この引用の前に「愛する教え子たち」に対して諭したという「本当に歩むべき人間の道、すなわち自己の信念に基づいて行動する生き方」（同前書、はしがき）を、河合自身が生きたのかどうか、さらにまた、河合のいう「自己の信念」が「本当に歩むべき人間の道」であったのかどうかについては、さらに慎重な検討を必要とするように思われる。

塩尻ファンの筆者自身が塩尻の評価に甘いように（自分では客観的に評価しているように思っているのであるが）、筆者には、河合ファンも河合に甘すぎる評価を与えているように思われる。

この点で、評論家の立花隆が河合の人間像をクールに描いているのが印象的である。彼は『天皇と東大―大日本帝国の生と死―』（文藝春秋社、2005年）で、「一人の人間として大変面白い人物である。その人生がドラマティックであったという点においても面白いが、それ以上に彼が内側に持っていたものにおいて（知情意のすべてにおいて）面白いのである」と書き、しかも、河合のエネルギッシュで、思い込みが激しく、自分勝手なキャラクターを持病のバセドウ氏病によるものと結論している[37]。河合の性格の特異性については、すでに複数の河合門下の人々にも指摘されているところであるが、持病をその主要因としたのは、興味深い指摘である。

〈河合栄治郎の遵法精神〉

「5・15事件の批判」や「2・26事件の批判」でファシズム批判を展開していた河合が、明らかに変節（筆者は、河合思想の本質が露呈したと考えている）してくるのが、1937年頃からである。それを示すのが河合の「日支問題論」（『中央公論』、1937年11月号）である。

第3章 法と道徳と生き方の人間学—塩尻公明における遵法精神— *129*

　同論文で、河合は、「満州事変を如何に批判するかは、支那事変を批判するに際しての決定的の関鍵である。私は満州事変を以て止むをえざる事件として、それに承認を与えるものである、之が私の事変に対する態度の前提とならねばならない」[38]と述べ、満州建国も支那事変（日中戦争）も肯定するようになる。

　その年の年末、河合は1937（昭和12）年12月26日から1938（昭和13）年1月10日迄の2週間、日本が占領した済南をはじめ、北支を視察している。単身視察であると記しているものもあるが、政府・軍筋の支援があったのではないと推測する。視察後河合は、「時局・大学・教授」（『日本評論』1938年4月号）で次のように書くに至る。

> 「事実の未だ発生せざる前に、戦争か平和かを論ずることは各人の随意であり、私も亦事変以前には極東の平和機構を作る必要を力説した一人であった、だが事変が既に発生した以上は、生きるか死ぬかの闘争であって、戦闘は終局まで貫徹せねばならないと思う。…況や事変発生の当時に遡って論ずるとしても、国民多数の信頼する内閣により事変が宣告されたのであり、更に戦時予算の協賛に際しては吾々国民の選挙したる代議士が満場一致を以て政府を支持したのである。かかる合法的の手続きを経過したる場合には、仮に一歩を譲って事変自体に独自の意見を抱くものと雖も戦局に対し熱情を以て終始することは、立憲国民の義務でなければならないと思う。」[39]

　つまり河合は、「国民多数の信頼する内閣により事変が宣告された」こと、さらに「吾々国民の選挙した代議士が満場一致を以て政府を支持した」こと、「かかる合法的の手続きを経過したる場合には、…事変自体に独自の意見を抱くものと雖も戦局に対し熱情を以て終始することは、立憲国民の義務でなければならない」というのである。

　しかし筆者は、河合の説明は、形式的合法論、形式的議会主義論であり、自己の（道徳的）価値基準を放棄した現状追認論（戦争肯定論）であると考える。なぜならば、河合は「事変がすでに発生した以上は…」という理由で、社会科学者として最も重要であるはずの日支事変の本質（侵略戦争）認識を不問にして出発し、形式的議会主義論に立って、政府の決定を合法的であると承認する

に至っているのである。

　ちなみに矢内原は、満州視察をして直ちに日本のアジア進出を侵略と認識して侵略戦争に反対したのに対して、河合は侵略戦争を正義の戦争であると理解したのであった。ここで2人は、決定的に違っていた。

　そのために河合は、先の文のすぐ後で「もし事態が極東大戦にまで発展して、私の祖国に致す道が他にないならば、私は進んで従軍を志願して喜んで戦場に仆れんとする覚悟を持つものである」[40]とまで言い切るに至るのである。ここまでくると、もう戦争肯定論を超えて、戦争推進論である。何をか言わんや、である。だが強気の河合は、これこそ自由主義の真髄だと強弁する。

　　「人は私の以上のような態度を見て、自由主義たる私の矛盾であるかのごとく思うかもしれない。しかしそのことが如何に人の自由主義に対する理解の浅薄であるかを物語るものに外ならない。」[41]

　果たして、正しい意味での自由主義とは、そういうものであろうか。河合の自由主義理解が河合の我流の自由主義であったことについては、直弟子の猪木正道ですら、「河合先生の自由主義は、あれか、これかの選択の出来る自由主義ではなく、これが自由主義だ、と決めつけるいわば河合的自由主義であった」[42]と、その独善性を指摘している。矢内原忠雄に至っては、河合には自由と自由主義の把握に混乱があり、論理的誤謬に陥っていると指摘しつつ、「重要なる事は自由の為に闘ふことにして、『主義』の上に立つことではない。思想を正確に把握することにして、各種思想の『体系』を建築することではない。実践なき主義は空虚、思想の理解なき体系は遊戯である」[43]とまで批判している。

　このように見てくると、河合の主張こそ、河合自身の「自由主義に対する理論の浅薄」を赤裸々に告白したものと言えるのではないであろうか。基底に信念を持たない河合の我流の自由主義（及び理想主義）の本質をこそ、河合ファンは検証すべきであろうと考える。

　ともあれ、以上の河合の遵法に対する考え方は、すでに見てきた塩尻公明の人格主義的道徳的命令とも、矢内原忠雄のキリスト教的信念とも決定的に異

なっていることが明白であろう。

　政府の決定であれ、議会の決定であれ、国民は自己の価値判断と意思とに基づいて主体的に自らの見解を表明する自由と権利とを持つことができるし、政府と議会の決定に反対する権利を持つことができるはずである。それゆえに、主体的に下した見解や行動が、たとい政府の方策や現行法に違反することになったとしても、自己の価値判断と意思とに忠実であることができるのである。ただその結果として、圧力をかけられたり、法に違反したりすることになったとしても、やむを得ないのである。法よりも道徳的命令や信念に忠実であろうとすれば、そうした不幸をも甘受しなければならない場合があるのである。矢内原がその犠牲者の一人であったわけである。

〈『学生に与う』と『国民に愬う』の思想〉
　さて河合は、1940年に出版した『学生に与う』に続けて、1941年には『国民に与う』という意図をもった『国民に愬う』を脱稿している[44]。河合は、同書の「はしがき」で次のように書いている。

　　「我々は昭和6年の満州事変に於て、今日に至る第一歩を踏み出した。昭和12年の支那事変に於て第二歩を、さらに昨今の日独伊軍事同盟に於て第三歩を踏み出した。今日のような危機がやがて来るであろうとは、少しく常識を解するものならば、十年以前に予測することが出来たのである。然し我々が好もうが好むまいが、我々は既に第一歩、第二歩、第三歩を踏み出した。そして今や我々国民は動きの付かない現在の状態に自らを投じたのである。いかにしてかかる状態に至ったかは、今日我々の議論すべき限りではない。我々は過去を顧みて死児の齢を数えるような愚を為してはならない。いつ誰が何を始めたにもせよ、結局は我々一億全国民の共同の責任である。…祖国の運命に対して、奮然として起つことの出来ない国民は、道徳的の無能力者である。」[45]

　ここでも河合の判断は、明らかに現状肯定論であり、体制順応論である。そして、それは、ここでも戦争肯定論であり、戦争推進論である。最後の二文は、戦後において権力者が高唱した共同責任論、一億総責任論と軌を一にしている。ファシズムと軍部とを批判していたはずの河合であったが、ここまで来

ると彼の変節は、明らかである[46]。

〈塩尻の河合への忠告〉
　ところで塩尻公明は、こうした恩師河合の態度をどのように見ていたのであろうか。それを示すと思われる塩尻の意見を、河合栄治郎の追想文集に寄せた「河合先生の思い出」の中に見ることができる。その中で塩尻は、河合から河合の最新の著書である『学生に与う』の感想を聞かれた時の二人の会話を、次のように紹介している。

　　「一日に十数時間の労働で二十日間位に書き上げられたその書物は、その生産力と労働力とに驚くべきものがあるとしても、何と言ってもこれ迄の著書の反復が多く上すべりと希薄な感じとを免れないと自分には思われた。自分はその感じを率直に述べ、暫くものを書かないで御勉強なさったらよいのではないか、と言った。先生は少しも怒らずに心からうなずいていられ、又恐らく御自分でも本格的な勉強への志が熟していられた処なのであったろう、『これから本当に勉強するよ』と心から言っていられた。」[47]

　恩師河合に面と向かって「暫くものを書かないで御勉強なさったらよいのではないか」という塩尻の忠告は、塩尻の言葉にしてはかなり厳しい。おそらく塩尻は、『学生に与う』を含めて、その頃の河合の一連の著作について危機感を感じて、そのように忠告したのではなかろうか。
　これに対して河合が「これから本当に勉強するよ」と述べていたが、これは守られなかったようである。エネルギッシュであった河合としては、書きたいことや主張したいことが山積していたのであろう。加えて、すぐれない自分の健康問題に対する危機意識も募っていたのであろう。河合は、塩尻の忠告にもかかわらず、自己の命と競争するかのようにして『明治思想史の一断面』と『国民に愬う』とを書いたのであろう。
　一方、塩尻は「河合先生の思い出」で、「将来自分の思想が先生のそれとどんなに食違って来るようになっても、先生に対する尊敬はいつ迄も変ることはないであろう」[48]と書いているように、恩師河合に対する敬愛を生涯にわたって持ち続けた。塩尻は、河合門下の中で河合にもっとも遠いところにいたと見

られていたが、本当は、河合にもっとも近いところにいた門下生であったのではなかろうか。

おわりに―塩尻公明の遵法精神と生き方―

〈塩尻の人格主義と遵法精神〉

　塩尻によれば、真の遵法精神とは、法律に忠実に服従することも否定しえない重要要件であるが、それよりも重要なことは自己の「道徳的命令」に従うことであり、また「真に深き（自己の）良心の声に耳を傾ける」ことであるというものであった。それは、法以前に存在する個々人が持つ価値観を基準として法の精神を判断し行動（しようと）するということであった。

　これを塩尻の場合に当てはめて言えば、人格主義の至高目的である「人格の完成（すべての人々の人間的成長と幸福の達成）」という価値観を基準として法の精神を判断し行動するということであった。それはまた、塩尻が立脚する人格主義思想の原則とその道徳的命令とに従って常に判断し行動するということであった。

〈人格主義的遵法精神を生きる〉

　さて塩尻は、自己の主義に忠実に生きたのではないかと思われる。ファシズム下では、治安維持法による思想統制や特高の監視に苦しめながらも、自己の信念を曲げることはなかった。むしろファシズムと軍国主義に抵抗し、学者・研究者としての矜持を堅持しようと努力した。その生き方についてはすでに拙著[49]で紹介しているので、それを参照していただくことにして、ここでは繰り返さない。

　塩尻がその研究活動と教育活動とにおいて蓄積してきた成果と力量とを発揮し、その天賦の豊かな才能を百花繚乱の如くに開花させるのは戦後になってからであった。その生涯と生き方についても、先の拙著に詳しいので、参照していただきたい。

注

1) 塩尻公明『政治と教育』社会思想研究会出版部、1952年。
2) 塩尻公明『青年と倫理』河出新書、河出書房、1955年。
3) 塩尻公明「政治と教育」『政治と教育』、49〜50頁。
4) 同前、51頁。
5) ここで塩尻が、「例えば国立大学教授は、党派的な政治論を企てて自己の好む党派に学生たちを引きずろうとしてはならないが、政治的真理追求のための批判である限りは、むしろ当然の義務として、国家の俸給にむくいるために、正直にこれ（注・批判と註文と）を行わなくてはならぬものであると思う」（同前、51頁）と書いているが、この義務は、国立大学教授のみに限定されるものではなくて、国公私立大学教授・教員のみならず、年齢段階と発達段階とを考慮するならば、すべての学校の教師たちにも該当すると考える。
6) 「政治と教育」『政治と教育』、51〜52頁。
7) 同前、51〜52頁。
8) 同前、52頁。
9) 同前、52頁。
10) 同前、52〜53頁。
11) 同前、53〜54頁。
12) 同前、55頁。
13) 同前、55〜56頁。
14) 同前、56頁。
15) 前掲『青年と倫理』、130頁。
16) 同前、130頁。
17) 同前、131頁。
18) 同前、131〜132頁。
19) 同前、132頁。
20) 同前、132頁。
21) 同前、133頁。
22) 同前、133頁。
23) 同前、133頁。
24) 同前、133〜134頁。
25) 同前、134頁。
26) 同前、134頁。
27) 同前、135頁。
28) 『矢内原忠雄全集』第18巻、岩波書店、644〜645頁。
29) 同前、653〜654頁。

30) 鴨下重彦「私が見た南原、矢内原時代」、黒川清氏のHPより。2004年7月26日。
31) 加藤周一『現代ヨーロッパの精神』同時代ライブラリー、岩波書店、1992年、205頁。
32) 川西重忠『断乎たる精神　河合栄治郎』桜美林大学北東アジア総合研究所、2013年、42頁。
33) 同前、43頁。
34) 同前、3頁。
35) 同前、46頁。なお「二・二六事件」の批判をした論文には、次のものがある。矢内原忠雄「落飾記」(『通信』1936年2月29日)、桐生悠々「皇軍を私兵化して国民の同情を失った軍部」(『他山の石』1936年3月5日)、河合栄治郎「時局に対して志を言う」(『中央公論』1936年6月)
36) 松井慎一郎『河合栄治郎―戦闘的自由主義者の思想と生涯―』中公新書、はしがき。
37) 同前、9頁より引用。
38) 河合栄治郎「日支問題論」『河合栄治郎全集』社会思想社、第19巻、336頁。
39) 河合栄治郎「時局・大学・教授」『河合栄治郎全集』第19巻、164頁。
40) 同前、164頁。
41) 同前、165頁。
42) 川西重忠『断乎たる精神　河合栄治郎』前掲、198頁より引用。
43) 矢内原忠雄「自由と自由主義」、『思想』昭和4年6月号、『矢内原忠雄全集』第16巻、岩波書店、1964年、198頁。
44) 同書は、1941年6月に脱稿した。しかし、戦前は発禁で出版されず、戦後になって出版された。『河合栄治郎全集』第14巻は、『学生に与う』と『国民に愬う』とを収録している。
45) 『河合栄治郎全集』第14巻、281～282頁。
46) 河合変節論または転向論を巡っては、議論があるようである。河合の転向説論者は、杉山和雄や大杉一雄(『日中15年戦争史』中公新書、1996年)らである(川西、前掲書、122～123頁)。筆者は、変節や転向ではなくて、河合の本質が露呈したに過ぎない、と考えている。ただし、本質露呈論については、もう少し研究を深める必要があると考えているが、今はその時間的余裕がない。

　他方、河合擁護論者の一人は、松井慎一郎である。彼は『戦闘的自由主義者―河合栄治郎―』(社会思想社、2001年)で、「日支問題論は河合の戦闘的自由者としてのイメージをなんら傷つけるものではなく、むしろ、河合の自由主義思想の本質を明確にしたものであり、この論文を無視して河合の自由主義思想は語れない。確かにそこには研究者が指摘するように河合の情勢認識の甘さが見られるが、そういった点ばかりを強調するやり方には同意できない」(川西、前掲書、113頁)といい、さらに別の個所では、「(日支)事変後の臨時国会で満場一致で決まった国策の擁護、すなわち議会主義の擁護とコミュンテル

ンの脅威という二つの点が河合に『日支問題論』を書かせた要因であり、その意味では、ファッシズムとマルクス主義双方を批判する河合栄治郎の戦闘的自由主義者としての基本姿勢は何も損なわれていない」（川西、前掲書、122頁）と書いている。しかしこれでは、反対論者を説得し得ないであろう。

　川西は、河合の「躓 きの石」や「大きな矛盾撞着」（前掲書、110頁、129頁）を指摘していながらも、自分自身でそれらを掘り下げて究明しようとしていないのが惜しまれる。

47)　塩尻公明「河合先生の思い出」、『河合栄治郎・伝記と追想　河合栄治郎全集別巻』現代教養文庫、1952年、235頁。
48)　同前、238頁。
49)　中谷彪『現代教育思想としての塩尻公明―人格主義の教育論―』、1999年、同『塩尻公明―求道者・学者の生涯と思想―』、2010年、『受取るの一手―塩尻公明評伝―』2012年、以上、大学教育出版、同『塩尻公明評伝―旧制一高教授を断った学究的教育者―』桜美林大学北東アジア総合研究所、2013年。

(2013. 8. 14)

索　引

あ行

アダム・スミス　74
石上良平　125
石浜知行　120
猪木正道　10, 16, 19, 20, 24, 31, 52, 56, 57, 72, 125, 130
伊原吉之助　20, 21, 23, 62
宇川春景　11
内村鑑三　19, 124
浦谷吉雄　86
浦田信雄　11
江部淳夫　77
大内兵衛　120, 122, 125
大河内一男　125, 126
大森義太郎　120
奥田三郎　11
奥宮延子　31
音田正巳　58, 125

か行

柿木健一郎　30
梶村敏樹　11
粕谷一希　21
加藤周一　124
苅部一衛　38, 39
河合栄治郎　9, 10, 11, 12, 13, 14, 15, 16, 17, 18, 19, 20, 21, 22, 23, 24, 25, 26, 27, 28, 31, 32, 33, 34, 42, 47, 48, 49, 50, 51, 52, 53, 54, 55, 56, 57, 58, 59, 60, 61, 62, 63, 64, 71, 77, 120, 125, 126, 127, 128, 129, 130, 131, 132
河合国子　12, 31
河合善兵衛　20
川合英夫　11, 12
河上肇　120
川西重忠　127
カント　48, 126
衣笠浩江　31, 32
木村健康　10, 13, 16, 17, 18, 19, 20, 32, 52, 56, 72, 125, 126
倉田百三　62
ゲーテ　25
コールリッヂ　33, 49, 73, 74
近藤鎮雄　78
向坂逸郎　120

さ行

佐々弘雄　120
佐野保太郎　83, 84
J. S. ミル　13, 33, 49, 72, 73, 74
塩尻卯女　13, 62, 71
塩尻公明　9, 10, 11, 12, 13, 14, 15, 21, 22, 23, 24, 25, 26, 27, 28, 29, 30, 31, 32, 33, 34, 35, 36, 37, 38, 39, 40, 41, 42, 43, 44, 45, 46, 47, 48, 49, 50, 51, 52, 53, 54, 55, 56, 57, 58, 59, 60, 61, 62, 63, 64, 70, 71, 72, 73, 74, 75, 76, 77, 78, 81, 83, 84, 86, 88, 89, 90, 93, 94, 95, 96, 97, 98, 103, 104, 105, 106, 107, 108,

109, 110, 111, 112, 114, 115, 116, 118, 119, 125, 128, 130, 132, 133
塩尻級長雄　71
重成格　11
親鸞　13, 38, 42, 44, 54, 62, 72
関みさよ　73
関嘉彦　125
瀬戸裕之　77
ソクラテス　107

た行

高田正　11
高橋敏雄　11
滝川幸辰　120
立花隆　128
田村満穂　29
ダンテ　18
津田左右吉　120
土屋清　127
道元　13, 38
東条英機　79, 80
トマス・ヒル・グリーン　32, 125
トルストイ　38

な行

中谷彪　73
長與又郎　122
南原繁　121, 123, 124
新林晃一　39
西田天香　37, 71
新渡戸稲造　57, 124

は行

蜂屋賢喜代　13, 39, 62
バルト　124
土方成美　122, 126
平賀譲　126
平野義太郎　120
フィヒテ　75
深沢家治　11
藤井武　122
藤谷俊雄　74
ベンサム　33, 49, 73, 74

ま行

松井慎一郎　128
蓑田胸喜　122
美濃部達吉　120
棟方志功　25

や行

安井琢磨　125, 126
八波直則　74, 75, 76, 81
矢内原忠雄　120, 121, 122, 123, 124, 130, 131
山際正道　11
山口良忠　109
山田文雄　47, 48, 126
山田盛太郎　120
吉川進　86

ら行

蠟山政道　56

あ と が き

　本書は、私が勤務する森ノ宮医療大学の研究紀要に寄稿した2つの論文と、今回のために新たに書いた1つの論文の3本で構成されている。賢明なる読者諸氏からの建設的なご意見を承ることができれば、身に余る光栄である。
　ここで、本書出版に当たって、お世話になった方々にお礼を申し上げたい。
　まず、原稿を読んで有益なご意見をくださった塩尻公明研究会の会員である羽鳥圭亮氏、志岐吉勝氏、上原美栄子氏、鎌田重信氏に感謝したい。私の執筆活や塩尻公明研究会の活動を支援してくださっていることにも、お礼を申し上げたい。
　塩尻公明研究会の運営事務を担当してくださっている関みさよ事務局長には、資料収集や印刷等においてお世話になった。お礼を申し上げたい。また今回も、ルビ打ちでご指導くださり、ご苦労をおかけした我那覇繁子先生（大阪府立高津高校教諭）にも、お礼を申し上げたい。
　最後に、出版事情の困難な時期にもかかわらず、本書の公刊を快諾してくださった大学教育出版の佐藤守社長、編集でお世話になった安田愛様に、心からお礼を申し上げます。

2013年8月28日

中谷　彪

■著者紹介

中谷　彪（なかたに　かおる）

塩尻公明研究会・代表　n-kaoru43@plum.plala.or.jp
1943 年　大阪府に生まれる
1966 年　神戸大学教育学部教育学科卒業
1968 年　東京大学大学院教育学研究科修士課程修了（教育学修士）
1972 年　東京大学大学院教育学研究科博士課程単位取得退学
1979 年　イリノイ大学、ウィスコンシン大学客員研究員
1988 ～ 1989 年　トリニティー大学・文部省在外研究員
専　攻　教育学・教育行政学
職　歴　大阪教育大学講師、助教授、教授、学長を経て退官。
現　在　森ノ宮医療大学・大学院教授、大阪教育大学名誉教授、博士（文学）
主要著・訳書
　『現代教育思想としての塩尻公明―人格主義の教育論―』、『塩尻公明―求道者・学者の生涯と思想―』、『受取るの一手―塩尻公明評伝―』（以上、大学教育出版）、『塩尻公明評伝―旧制一高教授を断った学究的教育者―』（桜美林大学北東アジア総合研究所）、『アメリカ教育行政学』（溪水社）、『教育風土学』、『1930 年代アメリカ教育行政学研究』、『子育て文化のフロンティア』、『信頼と合意の教育的リーダーシップ』、『子どもの教育と親・教師』、『ガンバレ！先生・教育委員会!!』（以上、晃洋書房）、J.H. ニューロン『デモクラシーのための教育』（訳）、同『社会政策と教育行政』共訳、G.S. カウンツ『地域社会と教育』共訳（以上、明治図書）、R.E. キャラハン『教育と能率の崇拝』共訳、教育開発研究所、G.S. カウンツ『シカゴにおける学校と社会』共訳、大学教育出版、R.E. キャラハン『アメリカの教育委員会と教育長』共訳、F.W. テイラー『科学的管理法の諸原理』共訳（以上、晃洋書房）、他多数。

塩尻公明と河合栄治郎
―他力と自力の人間学―

2013 年 11 月 30 日　初版第 1 刷発行

■著　者――中谷　彪
■発行者――佐藤　守
■発行所――株式会社 **大学教育出版**
　　　　　　〒 700-0953　岡山市南区西市 855-4
　　　　　　電話（086）244-1268　FAX（086）246-0294
■印刷製本――サンコー印刷㈱

© Kaoru Nakatani 2013, Printed in Japan
検印省略　　落丁・乱丁本はお取り替えいたします。
本書のコピー・スキャン・デジタル化等の無断複製は著作権法上での例外を除き禁じられています。
本書を代行業者等の第三者に依頼してスキャンやデジタル化することは、たとえ個人や家庭内での利用でも著作権法違反です。
ISBN978-4-86429-242-9